자녀들의 학습을 위해서라면, 학습지 전문회사가 만든《기탄학습지》를 선택하세요.

● 10여 년 가까이 오로지 유아 · 초등 학생용 학습지만을 연구, 개발해 왔습니다.

(주)기탄교육은 어린이들의 학습 기초를 탄탄하게 다지겠다는 일념으로 10여 년간 오로지 장인 정신으로 유아 · 초등 학생용 학습 교재 개발에만 일념해 왔습니다. 그 결과 《기탄학습지》의 학습 효과에 만족하신 학부모 님들이 폭발적으로 증가했고, 《기탄학습지》는 어느새 서점에서 구입하 는 '학습지의 대명사'가 되었습니다.

● 학습 효과에 관한 한 《기탄학습지》를 따라올 학습지는 없습니다.

《기탄학습지》 시리즈가 학부모님들로부터 큰 호평을 받자, 최근 유사한 학습지들이 쏟아져 나오고 있습니다. 그러나 비슷한 모양과 체제를 갖춘 것 같지만, 결코《기탄학습지》만이 가진 학습 효과를 따라올 수는 없습니다. 다른 교재와 한 번만이라도 비교해 보신 학부모님들이라면, 금방《기탄학습지》의 뛰어난 학습 효과를 느낄 수 있을 것입니다.

● 학습지 전문회사가 만든 대표 교재, 자신있게 선택하십시오.

많은 학부모님들이 학습 효과를 인정해 주시는 유아 · 초등 학생용 대표 학습지 《기탄수학》, 《기탄사고력수학》, 《기탄한글》, 《기탄국어》, 《기탄한자》, 《기탄급수한자 빨리따기》, 《기탄영어 베이직》, 《기탄초등영어》, 《기탄뿌뿌중국어》! 자신있게 선택하십시오. 자녀들의 학습 효과가 눈에 띄게 달라집니다.

《기탄학습지》는 이제 서점에서 구입하는 대표 학습지입니다.

● 학습지 문화 혁명, 현명하신 학부모님들께서 이루어 내셨습니다.

'학습지' 하면 으레히 방문학습지를 연상하던 때가 있었습니다.
한 과목당 2~3만 원선. 4과목을 시키면 월 10만 원이 훌쩍 넘어 그동안
가계에 적지 않은 부담이 되어 왔습니다. 그러나 이제 서점에서 구입하는
학습지가 보편화되었습니다. 가격에 비해 효과가 높다는 것을 파악한
현명하신 학부모님들께서 학습지 문화 혁명을 이루어 내신 것입니다.

● 《기탄학습지》의 홍보를 학부모님들이 도맡아 해 주셨습니다.

"기탄학습지, 정말 너무 학습 효과가 좋아요. 제가 광고해서 이제 우리 아
파트 아이들 모두 기탄으로 공부해요."
다른 학습지처럼 대대적인 광고를 하지 않았음에도 《기탄학습지》가
이렇게 명성을 쌓을 수 있었던 것은 이런 말씀을 해 주시는 학부모님들의
홍보가 큰 힘이 되었습니다. 학부모님들의 판단은 정확했습니다.
《기탄학습지》는 학습 효과가 매우 뛰어난 학습지입니다.

● 《기탄학습지》, 부모의 사랑을 바탕으로 학습하는 교재입니다.

미국 조지 워싱턴 대학의 스탠리 그린스팬 교수의 연구논문에 따르면,
지적 능력은 마음(사랑)과 머리의 연결을 통해 이루어진다고 합니다.
자녀 교육을 남에게만 맡기지 마십시오. 부모만이 자녀의 인생을
성공적으로 이끌 수 있는 최고의 프로듀서입니다.
지도 교사가 필요하지 않은 학습, 부모의 사랑을 바탕으로 학습하는
교재. 바로 《기탄학습지》가 추구하는 학습 문화입니다.

최근 학부모님들 사이에서의
주된 화제는 단연 《기탄학습지》입니다.

●기초 탄탄한 교육, 기초 탄탄한 학습 《기탄학습지》!

최근 학부모님들 사이에서의 으뜸 화제는 단연 《기탄학습지》입니다.
사교육비 부담은 훨씬 줄고, 학습 효과는 최상. 게다가 교재 구입까지
쉽게 할 수 있으니…. 학부모님들께서 《기탄학습지》를 끊임 없이 화제에
올리는 이유는 자녀들의 학습 기초가 탄탄해진 것을 몸소 체험하셨기
때문입니다.

●서점에 가셔서 그 명성을 직접 확인해 보세요.

전국 유명 서점 어느 곳에 가셔서 확인해 보셔도 《기탄학습지》가 으뜸
대우를 받고 있음을 바로 알 수 있습니다. 주위의 학부모님들과 상의해
보셔도 역시 《기탄학습지》입니다.
유아 단계에서부터 초등 학교 6학년까지 교재 내용 전체를 서점에서
꼼꼼히 비교한 다음 구입할 수 있는 학습지가 바로 《기탄학습지》입니다.

●구입하기 쉬운 교재, 《기탄학습지》

유명 서점 어느 곳에서든 《기탄학습지》를 쉽게 구입할 수 있습니다.
가까운 곳에 서점이 없거나 구하기 어려운 분은 전화(02-586-1007)
또는 기탄 인터넷 쇼핑몰(www.gitan.co.kr)로 주문하시면 됩니다.
누구나 손쉽게 구입하여 자녀에게 효과적으로 학습할 수 있게 하는
프로그램식 교재, 가장 대표적인 교재가 《기탄학습지》입니다.

《기탄수학》은
단계별 · 능력별 프로그램식 학습지입니다.

1.능력에 맞는 단계에서부터 선택, 시작할 수 있습니다.

《기탄수학》은 학년이나 나이에 관계 없이 학습하는 능력별 교재입니다.
2~3세 유아 단계에서부터 초등 학교 6학년에 이르기까지 학습
난이도별로 자신의 능력에 맞는 단계를 선택하여 시작할 수 있습니다.

2.하루 단 5~10분 학습으로, 자녀들이 싫증을 내지 않게 하였습니다.

《기탄수학》은 하루 3~4장, 5~10분 학습으로도 충분한 효과를 발휘할 수
있게 만들어진 교재입니다. 매일 일정한 시간에 일정한 학습량을
재미있게 하는 것이 학습 효과를 높여 주기 때문입니다. 또한 공부하는
즐거움, 성취감, 자립심, 문제 해결 능력을 배양함으로써《기탄수학》으로
학습한 자녀들은 중 · 고등 학교에 가서도 우등생이 될 것입니다.

3.스몰 스텝(Small Step) 이론을 도입한 프로그램식 학습 교재입니다.

《기탄수학》은 단순히 문제를 나열해 놓은 문제집이 아닙니다.
매일 일정한 양의 문제를 풀어나가다 보면 한 발, 한 발 자기도 모르는
사이에 수학 실력이 쌓여지고, 수학적 원리를 깨닫게 되는
Small Step이라는 과학적 이론이 도입된 프로그램식 학습 교재입니다.

4.성취도 및 종료 테스트 등 학습 성취도를 평가할 수 있는 다양한
자료가 수록되어 있습니다.

《기탄수학》교재 매 장마다 도입된 표준완성시간 평가시스템과 매 집,
매 단계 학습이 끝날 때마다 실시되는 성취도 테스트와 종료 테스트를
통해 자녀의 학습 능력 수준을 한눈에 파악, 그에 대처하는 학습을
진행시킬 수 있게 하였습니다.

개인별 · 능력별 학습프로그램

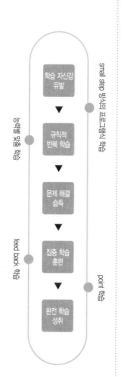

《기탄수학》, 체계적인 프로그램 학습 훈련을 통해 수학의 기초를 탄탄하게 쌓아 줍니다.

1. 능력별 맞춤 학습

2~3세 유아부터 초등 학교 6학년 생에 이르기까지 학년, 나이에 관계 없이 자기 능력, 수준에 적합한 교재로 공부합니다. 이러한 맞춤 학습은 자녀에게 '나도 할 수 있다.'는 공부에 대한 자신감을 갖도록 합니다. 진도가 빠른 자녀에게는 계속적으로 학습에 흥미를 느끼도록 학습 동기를 유발합니다.

2. 공부하는 습관이 붙는 피드백(feed back)

하루 5~10분의 부담 없는 학습으로 공부하는 즐거움을 느끼게 합니다. 공부에 재미와 자신감, 문제 해결에 따른 성취감을 키워 주어 공부하는 습관이 몸에 배이는 피드백 학습이 이루어집니다. 이러한 긍정적인 피드백으로 장차 상급 학년으로 올라가더라도 알아서, 스스로 주도적으로 공부하게 됩니다.

3. 스몰 스텝(small step) 방식의 프로그램식 학습

한 걸음 한걸음, 기초를 다져가며 점진적으로 실력이 향상되도록 프로그램되어 있습니다. 꾸준히 진도에 의해 따라하다 보면 어느새 실력이 부쩍 늘어나게 됩니다. 교재가 미세하고 치밀하게 과학적으로 구성되어 반복 학습에 의한 기초 다지기의 선수 학습이 동시에 이루어집니다.

4. 학습 목표가 명쾌하게 제시되는 포인트(point) 학습

각 단계, 각 교재, 매주 학습 내용을 전체 학습 목표에 맞추어 세부적으로 명확하게 제시합니다. 학습자와 부모님이 무엇을, 어떻게 공부하여야 하는지를 정확하게 알도록 하여 적은 시간으로도 효율적으로 하여 적은 시간으로도 효율적인 공부와 높은 학습 효과를 얻을 수 있습니다. 또한, 학습 성과를 올바르게 평가할 수 있습니다.

5. 5과정 완전 학습

학습에 자신감을 갖도록 학습 동기를 유발하여 규칙적인 반복 학습이 가능하도록 합니다. 단계적으로 다양한 패턴 학습과 표준완성시간을 도입하여 정확한 문제해결력을 습득하게 합니다. 짧은 시간에 집중적으로 학습하도록 훈련함으로써 기탄교육 학습 프로그램에 의한 완전 학습을 이루도록 합니다.

《기탄수학》을 시작하기 전에 학부모님께서 꼭 읽어 두셔야 할 6가지 사항

1. 학습자의 능력보다 낮은 교재부터 시작해야 효과적입니다.

자녀들이 자신있게 문제를 풀 수 있는 단계의 교재를 선택하여 시작합니다. 덧셈, 뺄셈 과정부터는 나이와 학년에 관계 없이 학습자가 쉽게 100점을 받을 수 있는 단계의 교재부터 시작하는 것이 좋습니다. 그래야만 암산력, 연산력, 필산력을 향상시킬 수 있습니다. 따라서 처음 《기탄수학》을 시작할 때에는 학습자의 능력에 비해 1~2단계 낮춘 교재부터 하는 것이 효과적입니다.

2. 교재 구입 즉시 분철해서 사용합니다.

구입한 즉시 주별로 분철한 다음, 매주 일주일 분량만 자녀에게 주어 학습하게 합니다. 한꺼번에 많은 양을 주면, 아이들이 쉽게 질리기 때문입니다. 《기탄수학》은 주별로 쉽게 분철할 수 있게 제작되어 있습니다.

3. 하루 3장씩, 매일 일정한 시간에 규칙적으로 학습하게 합니다.

매일 일정한 시간에 규칙적으로 3장씩 문제를 풀도록 합니다. 5~10분 동안 집중하여 단번에 풀 수 있도록 하고, 가급적 표준완성시간 내에 풀 수 있게 해야 합니다. 문제를 푸는 속도와 정확성, 100점을 맞는 데 걸리는 시간을 체크해야 합니다. 가능하면 교재 매 장에 정해져 있는 교재 1장을 완벽하게 푸는 데 소요되는 최소한의 요구 시간인 표준완성시간 이내에 완전 학습이 이루어지도록 지도합니다.

4. 일주일에 한 번 꼭 채점하고, 채점 후엔 주별 학습 일정표를 작성

일주일 학습이 끝나면, 채점과 풀이 과정을 꼭 체크해야 합니다. 틀린 답 발견 시, 그 옆에 정답을 적어 다음에 같은 실수를 되풀이하지 않게 합니다. 채점 후, 교재의 주별 학습 일정표에 오답 수와 문제 풀이 소요 시간을 기록하고 오답의 유형을 분석하여 그 부분을 집중적으로 지도합니다.

5. 매 과정, 매 단계를 마친 후, 성취도 테스트와 종료 테스트를 실시

교재 한 과정이 끝나면 성취도 테스트를, 한 단계가 끝나면 종료 테스트를 꼭 학부모의 감독하에 실시해야 합니다. 테스트 실시 후 결과표를 작성, 자녀의 학습 능력과 결손 부분을 파악, 지도 점검을 합니다. 이 결과에 따라 다음 단계로의 진행 여부를 판단할 수 있습니다.

6. 교재 수료 후에도 지속적인 복습이 필요합니다.

수학 과목 성적을 높이는 가장 좋은 방법은 복습(학습량의 70% 정도), 즉 지속적인 반복 학습 여부에 달려 있습니다. 따라서 본 교재를 수료했다고 하여 연산력 완성을 의미하는 것이 아니라는 것을 명심하고, 매일 규칙적으로 반복 학습하게 합니다.

A

단계 교재

학습 목표

유아들이 처음 시작하는 단계로 30까지의 수를 세고, 읽을 수 있도록 학습하며 수의 배열도 이해하도록 합니다. 또, 선 긋기, 점 잇기, 길 따라 가기 등의 학습으로 숫자와 글자 쓰는 데 필요한 능력인 운필력, 작업력, 집중력을 기르는 것을 목표로 학습합니다.

〈유아〉

A-1 교재

교재번호 1~15	· 5까지의 개수 세기
교재번호 16~30	· 5까지의 숫자 세기
교재번호 31~45	· 10까지의 숫자 세기
교재번호 46~60	· 10까지의 동그라미 수 세기

A-2 교재

교재번호 61~75	· 20까지의 숫자 세기
교재번호 76~90	· 30까지의 숫자 세기
교재번호 91~105	· 20까지의 동그라미 수 세기
교재번호 106~120	

A-3 교재

교재번호 121~135	· 가로, 세로 직선 긋기
교재번호 136~150	· 사선 긋기
교재번호 151~165	· 곡선 긋기
교재번호 166~180	· 사물 모양 잇기

A-4 교재

교재번호 181~195	· 사물 모양 잇기
교재번호 196~210	· 여러 가지 곡선 긋기
교재번호 211~225	· 길 찾기
교재번호 226~240	· 똑같이 그리기

A-5 교재

교재번호 241~255	· 점선 따라 똑같이 그리기
교재번호 256~270	· 점 잇기
교재번호 271~285	· 숫자 따라 선 긋기
교재번호 286~300	

(1장 표준완성시간 30초~2분)

B

단계 교재

학습 목표

A단계에서 익힌 능력을 토대로 200까지의 숫자 쓰기 연습을 합니다. 또, 다음 C과정부터 시작되는 덧셈 학습에 필요한 수의 성질과 순서성을 이해하는 것을 목표로 학습합니다.

〈유아〉

B-1 교재

교재번호 1~15	· 10까지의 숫자 그리기
교재번호 16~30	· 10까지의 숫자 쓰기
교재번호 31~45	· 세어 보고 맞는 수 이어 보기(10까지의 수)
교재번호 46~60	· 세어 보고 맞는 수 쓰기

B-2 교재

교재번호 61~75	· 10까지의 수 이해와 숫자 쓰기
교재번호 76~90	· 동그라미 세어 보고 숫자 쓰기
교재번호 91~105	· 같은 수끼리 이어 보기 · 세어 보고 더 많은 것에 ○표 하기
교재번호 106~120	· 빈 칸에 알맞은 숫자 써 넣기

B-3 교재

교재번호 121~135	· 10개씩 묶어 보기
교재번호 136~150	· 동그라미 세어 보고 숫자 쓰기
교재번호 151~165	· 빈 칸에 알맞은 숫자 써 넣기
교재번호 166~180	· 20까지의 수 이해와 숫자 쓰기

B-4 교재

교재번호 181~195	· 20까지의 동그라미 수 세어서 쓰기
교재번호 196~210	· 수만큼 사물의 수 묶기
교재번호 211~225	· 수만큼 동그라미 수 묶기
교재번호 226~240	

B-5 교재

교재번호 241~255	· 30까지의 수 이해와 숫자 쓰기
교재번호 256~270	· 50까지의 수 이해와 숫자 쓰기 · 70까지의 수 이해와 숫자 쓰기
교재번호 271~285	· 100까지의 수 이해와 숫자 쓰기
교재번호 286~300	· 200까지의 수 이해와 숫자 쓰기

C

단계 교재

학습 목표

B단계에서 익힌 숫자 쓰기 능력을 토대로, 더하기 1~4의 덧셈 연습으로 덧셈의 기본 개념을 익히는 것을 목표로 학습합니다.

〈유아 · 초1〉

교재번호 1~15	· 더하기 1의 이해
교재번호 16~30	· 다음의 수와 더하기 1 (1~10)+1
교재번호 31~45	(1~19)+1 (1~100)+1
교재번호 46~60	(1~1000)+1

1과정 성취도 테스트

교재번호 61~75	· 더하기 2의 이해
교재번호 76~90	· 더하기 2 (1~8)+2, (1~17)+2,
교재번호 91~105	(1~22)+2, (1~35)+2,
교재번호 106~120	(1~45)+2

2과정 성취도 테스트

교재번호 121~135	· 더하기 3의 이해
교재번호 136~150	· 더하기 3 (1~9)+3, (1~16)+3,
교재번호 151~165	(1~26)+3, (1~36)+3
교재번호 166~180	· 10의 보수 만들기

3과정 성취도 테스트

교재번호 181~195	· 더하기 4 (1~10)+4, (1~15)+4,
교재번호 196~210	(1~19)+4, (1~26)+4,
교재번호 211~225	· 10의 보수 만들기
교재번호 226~240	

4과정 성취도 테스트

교재번호 241~255	· 더하기 4까지 종합 학습
교재번호 256~270	(1~6)+4까지, (1~9)+4까지
교재번호 271~285	(1~16)+4까지, (1~19)+4까지
교재번호 286~300	

C교재 종료 테스트

D

단계 교재

학습 목표

C단계에서 익힌 4까지의 계산 능력을 토대로 더하기 5부터 더하기 10까지의 덧셈 훈련을 통하여 계산 능력에 필수적인 기본 암산력을 키우는 것을 목표로 학습합니다.

〈유아 · 초1〉

D-1 교재

교재번호 1~15	· 더하기 5 (1~9)+5, (1~14)+5
교재번호 16~30	(1~19)+5
교재번호 31~45	· 더하기 6 (1~13)+6, (1~19)+6,
교재번호 46~60	

1과정 성취도 테스트

D-2 교재

교재번호 61~75	· 더하기 7 (1~9)+7, (1~19)+7,
교재번호 76~90	(1~23)+7
교재번호 91~105	· 더하기 8 (1~9)+8, (1~19)+8,
교재번호 106~120	(1~22)+8

2과정 성취도 테스트

D-3 교재

교재번호 121~135	· 더하기 9 (1~9)+9, (1~15)+9,
교재번호 136~150	(1~21)+9
교재번호 151~165	· 더하기 10 (1~9)+10, (1~15)+10,
교재번호 166~180	(1~20)+10

3과정 성취도 테스트

D-4 교재

교재번호 181~195	· 더하기 5~10 종합
교재번호 196~210	19까지의 수+(5~6), 19까지의 수+(7~8)
교재번호 211~225	19까지의 수+(9~10) 19까지의 수+(5~10),
교재번호 226~240	· 큰 수 덧셈

4과정 성취도 테스트

D-5 교재

교재번호 241~255	· 큰 수 덧셈 두 수의 합이 15 이하인 덧셈
교재번호 256~270	두 수의 합이 20 이하인 덧셈 두 수의 합이 25 이하인 덧셈
교재번호 271~285	두 수의 합이 30 이하인 덧셈 두 수의 합이 35 이하인 덧셈
교재번호 286~300	두 수의 합이 40 이하인 덧셈 · D교재 덧셈 종합

D교재 종료 테스트

학습 목표

D단계에서 기른 기본적인 암산력을 토대로 빼기 10까지의 기본적인 뺄셈을 학습하고 그동안 연습한 덧셈과 뺄셈의 학습을 통해서 암산력을 완성하는 것을 목표로 학습합니다.

〈초1〉

(1장 표준완성시간 1~2분)

단계 교재

학습 목표

E단계에서 기른 암산력을 토대로, 덧셈과 뺄셈의 세로 쓰기 훈련을 통해서 필산력을 완성하는 것을 목표로 학습합니다.

〈초2〉

교재번호 1~15	· 합이 99까지의 덧셈 (세로 쓰기)
교재번호 16~30	(받아올림이 없는 두 자리 수+한 자리 수)
교재번호 31~45	(받아올림이 없는 두 자리 수+두 자리 수)
교재번호 46~60	(받아올림이 있는 두 자리 수+한 자리 수) (받아올림이 있는 두 자리 수+두 자리 수)

1과정 성취도 테스트

교재번호 61~75	· 두 자리 수의 덧셈
교재번호 76~90	(십의 자리에서 받아올림이 있는 셈)
교재번호 91~105	· 두 자리 수의 덧셈 종합
교재번호 106~120	

2과정 성취도 테스트

교재번호 121~135	· 세 자리 수의 덧셈
교재번호 136~150	(세 자리 수+한 자리 수, 두 자리 수, 세 자리 수) · 네 자리 수의 덧셈
교재번호 151~165	(네 자리 수+한 자리 수, 두 자리 수, 세 자리 수, 네 자리 수)
교재번호 166~180	· 세 자리 수, 네 자리 수의 덧셈 종합

3과정 성취도 테스트

교재번호 181~195	· 한 자리 수의 뺄셈, 두 자리 수의 뺄셈
교재번호 196~210	(받아내림이 없는 두 자리 수-한 자리 수) (받아내림이 없는 두 자리 수-두 자리 수)
교재번호 211~225	(받아내림이 있는 두 자리 수-한 자리 수) (받아내림이 있는 두 자리 수-두 자리 수)
교재번호 226~240	· 두 자리 수의 뺄셈 종합

4과정 성취도 테스트

교재번호 241~255	· 세 자리 수의 뺄셈
교재번호 256~270	(세 자리 수-한 자리 수, 두 자리 수, 세 자리 수) · 네 자리 수의 뺄셈
교재번호 271~285	(네 자리 수-한 자리 수, 두 자리 수, 세 자리 수, 네 자리 수)
교재번호 286~300	· 세 자리 수, 네 자리 수의 뺄셈 종합

F교재 종료 테스트

(1장 **표준완성시간 2~3분**)

학습 목표

곱셈구구를 이용, 곱셈과 나눗셈의 기초적인 계산력을 배양하는 것을 목표로 학습합니다.

단계 교재

〈초3〉

H
단계 교재

학습 목표

G단계에서 기른 곱셈, 나눗셈의 기초 계산력을 발전시켜 분수의 성질을 익히고 계산할 수 있는 기초 능력을 기르는 것을 목표로 학습합니다.

〈초4〉

H-1 교재	교재번호 1~15	· 두 자리 수의 곱셈 (두 자리 수×두 자리 수)
	교재번호 16~30	
	교재번호 31~45	· 세 자리 수의 곱셈 (세 자리 수×두 자리 수)
	교재번호 46~60	(세 자리 수×세 자리 수)
	1과정 성취도 테스트	

H-2 교재	교재번호 61~75	· 덧셈과 뺄셈
	교재번호 76~90	· 곱셈과 나눗셈
	교재번호 91~105	· 나눗셈 (한 자리 수로 나누기)
	교재번호 106~120	· 10배수의 곱셈과 나눗셈
	2과정 성취도 테스트	

H-3 교재	교재번호 121~135	· 나눗셈 (두 자리 수로 나누기)
	교재번호 136~150	
	교재번호 151~165	
	교재번호 166~180	
	3과정 성취도 테스트	

H-4 교재	교재번호 181~195	· 나눗셈 (두 자리 이상의 수로 나누기)
	교재번호 196~210	· 분수 (가분수를 대분수 또는 자연수로, 대분수를 가분수로 고치기)
	교재번호 211~225	
	교재번호 226~240	
	4과정 성취도 테스트	

H-5 교재	교재번호 241~255	· 약분(최대공약수를 구하여 약분하기)
	교재번호 256~270	· 분수의 덧셈과 뺄셈 (동분모의 덧셈과 뺄셈)
	교재번호 271~285	
	교재번호 286~300	
	H교재 종료 테스트	

(1장 표준완성시간 3~4분)

I

단계 교재

학습 목표
분수의 덧셈과 뺄셈, 곱셈과 나눗셈의 연습을 통하여 분수의 계산력을 확실하게 배양하는 것을 목표로 학습합니다.

〈초5〉

교재번호 1~15	· 분수의 덧셈
교재번호 16~30	(최소공배수)
교재번호 31~45	(분모가 같은 분수) (크기가 같은 분수)
교재번호 46~60	(분모가 다른 분수)

1과정 성취도 테스트

교재번호 61~75	
교재번호 76~90	· 분수의 덧셈
교재번호 91~105	(분모가 다른 분수)
교재번호 106~120	

2과정 성취도 테스트

교재번호 121~135	· 분수의 뺄셈 (자연수 - 분수)
교재번호 136~150	(분수의 받아내림) (분모가 같은 분수)
교재번호 151~165	(분모가 다른 분수)
교재번호 166~180	· 분수의 덧셈과 뺄셈 종합

3과정 성취도 테스트

교재번호 181~195	· 분수의 곱셈
교재번호 196~210	· 분수의 나눗셈
교재번호 211~225	· 분수의 곱셈과 나눗셈 종합
교재번호 226~240	

4과정 성취도 테스트

교재번호 241~255	· 분수를 소수로 고치기
교재번호 256~270	· 소수를 분수로 고치기
교재번호 271~285	· 분수와 소수의 덧셈과 뺄셈
교재번호 286~300	· 분수와 소수의 곱셈과 나눗셈

I교재 종료 테스트

(1장 표준완성시간 3~4분)

J

단계 교재

학습 목표

I단계에서 배양한 분수 계산력을 발전시키고 덧셈, 뺄셈, 곱셈, 나눗셈 등을 종합적으로 계산하는 사칙혼합 계산을 완벽하게 익혀 중학 수학에 대비하는 것을 목표로 학습합니다.

〈초6〉

(1장 표준완성시간 3~5분)

개인별·능력별 학습 프로그램

기탄수학

학습 일정 관리표

공부한 날	교재 번호	오답 수	소요 시간	공부한 날	교재 번호	오답 수	소요 시간
.	241			.	250		
.	242			.	251		
.	243			.	252		
.	244			.	253		
.	245			.	254		
.	246			.	255		
.	247			평 균			
.	248			종합 평가	Ⓐ 아주 잘함 Ⓑ 잘함		
.	249				Ⓒ 보통 Ⓓ 부족함		

이번 주는?	· 학습 방법 ① 매일매일 ② 가끔 ③ 한꺼번에 – 하였습니다.
	· 학습 태도 ① 스스로 잘 ② 시켜서 억지로 – 하였습니다.
	· 학습 흥미 ① 재미있게 ② 싫증내며 – 하였습니다.
	· 교재 내용 ① 적합하다고 ② 어렵다고 ③ 쉽다고 – 하였습니다.

지도 교사가 부모님께	부모님이 지도 교사께

원(교)   반   이름   전화   –

기초 탄탄한 교육·기초 탄탄한 학습
기탄교육

www.gitan.co.kr / (02)586-1007(대)

H교재 학습 목표 : 곱셈과 나눗셈의 계산력을 발전시켜
분수 계산의 기초를 완성해요.

H교재 (241~255) 학습 내용

교재번호	내 용	표준완성시간
241	약 분 ①	
242	〃 ②	
243	〃 ③	
244	〃 ④	
245	〃 ⑤	
246	〃 ⑥	
247	〃 ⑦	
248	〃 ⑧	3~4분
249	〃 ⑨	
250	〃 ⑩	
251	〃 ⑪	
252	〃 ⑫	
253	〃 ⑬	
254	〃 ⑭	
255	〃 ⑮	

●학습 목표 및 지도 포인트

분수의 약분에 대해서 학습합니다. 약분이 아직 쉬울 때 충분히 연습해서 그 감각을
확실히 익히도록 합니다. 약분은 되도록이면 단번에 기약분수로 나타내도록 지도해
주십시오.

● 표준완성시간 : 3~4분

평가	아주 잘함	잘함	보통	부족함
오답수	1~2	3~8	9~13	14~

이름 :

날짜 : 월   일

시간 :   :   ~   :

● **약분 ①**

♣ 다음 분수를 2로 약분하여라.

보 기

$$\frac{4}{6} = \frac{2}{3} \qquad \frac{14}{18} = \frac{7}{9}$$

(1) $\dfrac{2}{4} =$

(2) $\dfrac{2}{6} =$

(3) $\dfrac{2}{8} =$

(4) $\dfrac{2}{10} =$

(5) $\dfrac{2}{12} =$

(6) $\dfrac{6}{8} =$

(7) $\dfrac{4}{10} =$

(8) $\dfrac{6}{10} =$

(9) $\dfrac{8}{10} =$

(10) $\dfrac{10}{12} =$

(11) $\dfrac{2}{14} =$

(12) $\dfrac{4}{14} =$

241b

(13) $\dfrac{6}{14} =$

(14) $\dfrac{8}{14} =$

(15) $\dfrac{10}{14} =$

(16) $\dfrac{2}{16} =$

(17) $\dfrac{6}{16} =$

(18) $\dfrac{12}{14} =$

(19) $\dfrac{2}{18} =$

(20) $\dfrac{10}{16} =$

(21) $\dfrac{14}{16} =$

(22) $\dfrac{4}{18} =$

(23) $\dfrac{10}{18} =$

(24) $\dfrac{2}{20} =$

(25) $\dfrac{6}{20} =$

(26) $\dfrac{14}{20} =$

(27) $\dfrac{8}{18} =$

(28) $\dfrac{18}{20} =$

이름 :		
날짜 :	월	일
시간 :	: ～	:

● **약분 ②**

♣ 다음 분수를 3으로 약분하여라.

보 기 $\dfrac{3}{9} = \dfrac{1}{3}$

(1) $\dfrac{6}{9} =$

(2) $\dfrac{3}{6} =$

(3) $\dfrac{3}{3} =$

(4) $\dfrac{3}{9} =$

(5) $\dfrac{3}{12} =$

(6) $\dfrac{6}{21} =$

(7) $\dfrac{9}{12} =$

(8) $\dfrac{3}{15} =$

(9) $\dfrac{6}{15} =$

(10) $\dfrac{9}{15} =$

(11) $\dfrac{12}{15} =$

(12) $\dfrac{3}{18} =$

(13) $\dfrac{15}{18} =$

(14) $\dfrac{3}{21} =$

(15) $\dfrac{12}{21} =$

(16) $\dfrac{15}{21} =$

(17) $\dfrac{18}{21} =$

(18) $\dfrac{3}{24} =$

(19) $\dfrac{9}{24} =$

(20) $\dfrac{15}{24} =$

(21) $\dfrac{21}{24} =$

(22) $\dfrac{3}{27} =$

(23) $\dfrac{6}{27} =$

(24) $\dfrac{12}{27} =$

(25) $\dfrac{15}{27} =$

(26) $\dfrac{21}{27} =$

(27) $\dfrac{24}{27} =$

(28) $\dfrac{3}{30} =$

● 표준완성시간 : 3~4분

| 평 가 | 아주 잘함 | 잘함 | 보통 | 부족함 |
| 오답수 | 1~2 | 3~8 | 9~13 | 14~ |

이름 :

날짜 :   월   일

시간 :   :   ~   :

● 약분 ③

♣ 다음 분수를 2 또는 3으로 약분하여라.

(1) $\dfrac{2}{4} =$

(2) $\dfrac{2}{10} =$

(3) $\dfrac{2}{6} =$

(4) $\dfrac{2}{12} =$

(5) $\dfrac{3}{6} =$

(6) $\dfrac{15}{18} =$

(7) $\dfrac{6}{9} =$

(8) $\dfrac{6}{21} =$

(9) $\dfrac{4}{6} =$

(10) $\dfrac{10}{12} =$

(11) $\dfrac{6}{8} =$

(12) $\dfrac{12}{14} =$

(13) $\dfrac{9}{12} =$

(14) $\dfrac{9}{21} =$

(15) $\dfrac{3}{15} =$

(16) $\dfrac{12}{21} =$

(17) $\dfrac{6}{8} =$

(18) $\dfrac{14}{16} =$

(19) $\dfrac{9}{15} =$

(20) $\dfrac{3}{21} =$

(21) $\dfrac{4}{6} =$

(22) $\dfrac{16}{18} =$

(23) $\dfrac{3}{18} =$

(24) $\dfrac{18}{21} =$

(25) $\dfrac{6}{10} =$

(26) $\dfrac{8}{14} =$

(27) $\dfrac{3}{9} =$

(28) $\dfrac{21}{24} =$

(29) $\dfrac{4}{10} =$

(30) $\dfrac{6}{14} =$

(31) $\dfrac{3}{12} =$

(32) $\dfrac{3}{27} =$

● 약분 ④

♣ 다음 분수를 2 또는 5로 약분하여라.

(1) $\dfrac{2}{6} =$

(2) $\dfrac{4}{10} =$

(3) $\dfrac{5}{10} =$

(4) $\dfrac{10}{12} =$

(5) $\dfrac{6}{14} =$

(6) $\dfrac{10}{15} =$

(7) $\dfrac{10}{16} =$

(8) $\dfrac{10}{18} =$

(9) $\dfrac{5}{20} =$

(10) $\dfrac{14}{20} =$

(11) $\dfrac{15}{20} =$

(12) $\dfrac{14}{24} =$

(13) $\dfrac{5}{25} =$

(14) $\dfrac{10}{25} =$

(15) $\dfrac{15}{25} =$

(24) $\dfrac{8}{38} =$

(16) $\dfrac{20}{25} =$

(25) $\dfrac{20}{38} =$

(17) $\dfrac{5}{30} =$

(26) $\dfrac{5}{40} =$

(18) $\dfrac{14}{30} =$

(27) $\dfrac{15}{40} =$

(19) $\dfrac{14}{34} =$

(28) $\dfrac{25}{40} =$

(20) $\dfrac{10}{35} =$

(29) $\dfrac{35}{40} =$

(21) $\dfrac{15}{35} =$

(30) $\dfrac{20}{42} =$

(22) $\dfrac{20}{35} =$

(31) $\dfrac{2}{12} =$

(23) $\dfrac{30}{35} =$

(32) $\dfrac{6}{14} =$

● 표준완성시간 : 3~4분

평 가	아주 잘함	잘함	보통	부족함
오답수	1~2	3~8	9~13	14~

이름 :

날짜 :   월   일

시간 :   :   ~   :

245a

● 약분 ⑤

♣ 다음 분수를 3 또는 5로 약분하여라.

(1) $\dfrac{3}{6} =$

(2) $\dfrac{6}{9} =$

(3) $\dfrac{5}{10} =$

(4) $\dfrac{9}{12} =$

(5) $\dfrac{5}{15} =$

(6) $\dfrac{9}{15} =$

(7) $\dfrac{3}{18} =$

(8) $\dfrac{5}{20} =$

(9) $\dfrac{15}{20} =$

(10) $\dfrac{6}{21} =$

(11) $\dfrac{12}{21} =$

(12) $\dfrac{15}{21} =$

(13) $\dfrac{15}{24} =$

(14) $\dfrac{5}{25} =$

♣ 다음 분수를 2 또는 7로 약분하여라.

(15) $\dfrac{35}{42} =$

(24) $\dfrac{10}{22} =$

(16) $\dfrac{14}{18} =$

(25) $\dfrac{7}{28} =$

(17) $\dfrac{2}{6} =$

(26) $\dfrac{21}{28} =$

(18) $\dfrac{6}{10} =$

(27) $\dfrac{14}{30} =$

(19) $\dfrac{7}{14} =$

(28) $\dfrac{14}{35} =$

(20) $\dfrac{10}{14} =$

(29) $\dfrac{28}{35} =$

(21) $\dfrac{10}{16} =$

(30) $\dfrac{21}{49} =$

(22) $\dfrac{7}{21} =$

(31) $\dfrac{6}{14} =$

(23) $\dfrac{14}{21} =$

(32) $\dfrac{20}{42} =$

● 표준완성시간 : 3~4분

평 가	아주 잘함	잘함	보통	부족함
오답수	1~2	3~8	9~13	14~

이름 :

날짜 :   월   일

시간 :   :   ~   :

● 약분 ⑥

♣ 다음 분수를 3 또는 7로 약분하여라.

(1) $\dfrac{9}{12} =$

(2) $\dfrac{7}{14} =$

(3) $\dfrac{3}{15} =$

(4) $\dfrac{6}{21} =$

(5) $\dfrac{7}{21} =$

(6) $\dfrac{15}{24} =$

(7) $\dfrac{21}{24} =$

(8) $\dfrac{12}{27} =$

(9) $\dfrac{15}{27} =$

(10) $\dfrac{7}{28} =$

(11) $\dfrac{21}{28} =$

(12) $\dfrac{7}{35} =$

(13) $\dfrac{14}{35} =$

(14) $\dfrac{21}{35} =$

♣ 다음 분수를 5 또는 7로 약분하여라.

(15) $\dfrac{28}{35} =$

(24) $\dfrac{14}{35} =$

(16) $\dfrac{35}{42} =$

(25) $\dfrac{15}{35} =$

(17) $\dfrac{5}{10} =$

(26) $\dfrac{20}{35} =$

(18) $\dfrac{7}{14} =$

(27) $\dfrac{21}{35} =$

(19) $\dfrac{10}{15} =$

(28) $\dfrac{15}{40} =$

(20) $\dfrac{15}{20} =$

(29) $\dfrac{35}{42} =$

(21) $\dfrac{7}{21} =$

(30) $\dfrac{35}{49} =$

(22) $\dfrac{7}{28} =$

(31) $\dfrac{5}{10} =$

(23) $\dfrac{21}{28} =$

(32) $\dfrac{5}{25} =$

기초 탄탄

● 표준완성시간 : 3~4분

평 가	아주 잘함	잘함	보통	부족함
오답수	1~2	3~8	9~13	14~

이름 :

날짜 :   월   일

시간 :   :   ~   :

247a

● 약분 ⑦

♣ 다음 분수를 약분하여 기약분수로 나타내어라.

(1) $\dfrac{2}{6} =$

(2) $\dfrac{9}{12} =$

(3) $\dfrac{7}{14} =$

(4) $\dfrac{10}{15} =$

(5) $\dfrac{15}{18} =$

(6) $\dfrac{14}{21} =$

(7) $\dfrac{18}{21} =$

(8) $\dfrac{12}{22} =$

(9) $\dfrac{21}{24} =$

(10) $\dfrac{15}{25} =$

(11) $\dfrac{6}{27} =$

(12) $\dfrac{15}{27} =$

(13) $\dfrac{7}{28} =$

(14) $\dfrac{25}{30} =$

(15) $\dfrac{14}{32} =$

(24) $\dfrac{25}{40} =$

(16) $\dfrac{24}{33} =$

(25) $\dfrac{7}{42} =$

(17) $\dfrac{12}{34} =$

(26) $\dfrac{35}{42} =$

(18) $\dfrac{18}{34} =$

(27) $\dfrac{18}{44} =$

(19) $\dfrac{20}{35} =$

(28) $\dfrac{20}{45} =$

(20) $\dfrac{21}{35} =$

(29) $\dfrac{35}{45} =$

(21) $\dfrac{22}{36} =$

(30) $\dfrac{14}{49} =$

(22) $\dfrac{24}{38} =$

(31) $\dfrac{21}{35} =$

(23) $\dfrac{21}{39} =$

(32) $\dfrac{15}{20} =$

H 기초 탄탄 기탄수학
248a

● 표준완성시간 : 3~4분

평 가	아주 잘함	잘함	보통	부족함
오답수	1~2	3~8	9~13	14~

이름 :

날짜 :   월   일

시간 :   :   ~   :

● 약분 ⑧

♣ 다음 분수를 약분하여 기약분수로 나타내어라.

(1) $\dfrac{4}{12} =$

(8) $\dfrac{12}{20} =$

(2) $\dfrac{6}{12} =$

(9) $\dfrac{6}{24} =$

(3) $\dfrac{4}{16} =$

(10) $\dfrac{16}{24} =$

(4) $\dfrac{12}{16} =$

(11) $\dfrac{4}{8} =$

(5) $\dfrac{6}{18} =$

(12) $\dfrac{6}{12} =$

(6) $\dfrac{12}{18} =$

(13) $\dfrac{8}{16} =$

(7) $\dfrac{10}{20} =$

(14) $\dfrac{9}{18} =$

(15) $\dfrac{4}{20} =$

(16) $\dfrac{8}{20} =$

(17) $\dfrac{18}{24} =$

(18) $\dfrac{6}{48} =$

(19) $\dfrac{8}{14} =$

(20) $\dfrac{15}{27} =$

(21) $\dfrac{15}{35} =$

(22) $\dfrac{28}{35} =$

(23) $\dfrac{21}{39} =$

(24) $\dfrac{10}{22} =$

(25) $\dfrac{21}{28} =$

(26) $\dfrac{14}{35} =$

(27) $\dfrac{15}{40} =$

(28) $\dfrac{35}{42} =$

(29) $\dfrac{6}{12} =$

(30) $\dfrac{8}{12} =$

(31) $\dfrac{12}{16} =$

(32) $\dfrac{12}{18} =$

기초 탄탄

H
249a

● 표준완성시간 : 3~4분

평 가	아주 잘함	잘함	보통	부족함
오답수	1~2	3~8	9~13	14~

이름 :

날짜 :   월   일

시간 :   :   ~   :

● 약분 ⑨

♣ 다음 분수를 약분하여 기약분수로 나타내어라.

(1) $\dfrac{16}{20} =$

(2) $\dfrac{8}{24} =$

(3) $\dfrac{12}{24} =$

(4) $\dfrac{16}{24} =$

(5) $\dfrac{18}{24} =$

(6) $\dfrac{9}{27} =$

(7) $\dfrac{18}{27} =$

(8) $\dfrac{8}{28} =$

(9) $\dfrac{16}{28} =$

(10) $\dfrac{20}{28} =$

(11) $\dfrac{10}{30} =$

(12) $\dfrac{15}{30} =$

(13) $\dfrac{24}{30} =$

(14) $\dfrac{16}{32} =$

(15) $\dfrac{20}{32} =$

(24) $\dfrac{6}{10} =$

(16) $\dfrac{28}{32} =$

(25) $\dfrac{2}{12} =$

(17) $\dfrac{12}{36} =$

(26) $\dfrac{6}{14} =$

(18) $\dfrac{18}{36} =$

(27) $\dfrac{9}{15} =$

(19) $\dfrac{27}{36} =$

(28) $\dfrac{6}{16} =$

(20) $\dfrac{32}{36} =$

(29) $\dfrac{3}{18} =$

(21) $\dfrac{10}{40} =$

(30) $\dfrac{5}{20} =$

(22) $\dfrac{36}{48} =$

(31) $\dfrac{14}{22} =$

(23) $\dfrac{4}{6} =$

(32) $\dfrac{15}{24} =$

● 표준완성시간 : 3~4분

평가	아주 잘함	잘함	보통	부족함
오답수	1~2	3~8	9~13	14~

이름 :
날짜 :   월   일
시간 :   :   ~   :

● 약분 ⑩

♣ 다음 분수를 약분하여 기약분수로 나타내어라.

(1) $\dfrac{20}{25} =$

(2) $\dfrac{12}{27} =$

(3) $\dfrac{7}{28} =$

(4) $\dfrac{16}{32} =$

(5) $\dfrac{18}{34} =$

(6) $\dfrac{24}{38} =$

(7) $\dfrac{21}{39} =$

(8) $\dfrac{33}{39} =$

(9) $\dfrac{25}{40} =$

(10) $\dfrac{35}{42} =$

(11) $\dfrac{18}{44} =$

(12) $\dfrac{36}{45} =$

(13) $\dfrac{6}{46} =$

(14) $\dfrac{12}{46} =$

(15) $\dfrac{48}{56} =$

(16) $\dfrac{6}{9} =$

(17) $\dfrac{8}{10} =$

(18) $\dfrac{10}{12} =$

(19) $\dfrac{6}{14} =$

(20) $\dfrac{12}{15} =$

(21) $\dfrac{4}{16} =$

(22) $\dfrac{15}{20} =$

(23) $\dfrac{15}{21} =$

(24) $\dfrac{21}{24} =$

(25) $\dfrac{10}{25} =$

(26) $\dfrac{18}{26} =$

(27) $\dfrac{16}{28} =$

(28) $\dfrac{21}{30} =$

(29) $\dfrac{21}{33} =$

(30) $\dfrac{16}{34} =$

(31) $\dfrac{28}{35} =$

(32) $\dfrac{30}{36} =$

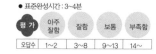

● 표준완성시간 : 3~4분

평 가	아주 잘함	잘함	보통	부족함
오답수	1~2	3~8	9~13	14~

251a

이름 :

날짜 :　　　월　　　일

시간 :　　 :　　 ~　　 :

● 약분 ⑪

♣ 다음 분수를 약분하여 기약분수로 나타내어라.

(1) $\dfrac{24}{38} =$

(2) $\dfrac{18}{40} =$

(3) $\dfrac{28}{42} =$

(4) $\dfrac{18}{44} =$

(5) $\dfrac{18}{46} =$

(6) $\dfrac{16}{48} =$

(7) $\dfrac{14}{49} =$

(8) $\dfrac{15}{50} =$

(9) $\dfrac{44}{60} =$

(10) $\dfrac{4}{12} =$

(11) $\dfrac{7}{14} =$

(12) $\dfrac{10}{20} =$

(13) $\dfrac{6}{24} =$

(14) $\dfrac{9}{27} =$

(15) $\dfrac{15}{30} =$

(24) $\dfrac{33}{51} =$

(16) $\dfrac{12}{32} =$

(25) $\dfrac{12}{52} =$

(17) $\dfrac{15}{35} =$

(26) $\dfrac{12}{54} =$

(18) $\dfrac{18}{36} =$

(27) $\dfrac{20}{55} =$

(19) $\dfrac{8}{40} =$

(28) $\dfrac{14}{56} =$

(20) $\dfrac{9}{45} =$

(29) $\dfrac{15}{60} =$

(21) $\dfrac{16}{48} =$

(30) $\dfrac{18}{63} =$

(22) $\dfrac{14}{49} =$

(31) $\dfrac{16}{64} =$

(23) $\dfrac{15}{50} =$

(32) $\dfrac{25}{65} =$

평 가	아주 잘함	잘함	보통	부족함
오답수	1~2	3~8	9~13	14~

이름 :

날짜 :   월   일

시간 :   :   ~   :

● **약분 ⑫**

♣ 다음 분수를 약분하여 기약분수로 나타내어라.

(1) $\dfrac{24}{66} =$

(2) $\dfrac{28}{68} =$

(3) $\dfrac{6}{12} =$

(4) $\dfrac{12}{16} =$

(5) $\dfrac{12}{20} =$

(6) $\dfrac{14}{21} =$

(7) $\dfrac{18}{24} =$

(8) $\dfrac{12}{27} =$

(9) $\dfrac{21}{30} =$

(10) $\dfrac{27}{33} =$

(11) $\dfrac{4}{34} =$

(12) $\dfrac{20}{35} =$

(13) $\dfrac{24}{36} =$

(14) $\dfrac{22}{38} =$

(15) $\dfrac{16}{40} =$

(16) $\dfrac{14}{42} =$

(17) $\dfrac{8}{44} =$

(18) $\dfrac{30}{45} =$

(19) $\dfrac{20}{48} =$

(20) $\dfrac{20}{50} =$

(21) $\dfrac{16}{52} =$

(22) $\dfrac{18}{54} =$

(23) $\dfrac{33}{57} =$

(24) $\dfrac{18}{60} =$

(25) $\dfrac{21}{63} =$

(26) $\dfrac{28}{64} =$

(27) $\dfrac{35}{65} =$

(28) $\dfrac{30}{66} =$

(29) $\dfrac{16}{20} =$

(30) $\dfrac{20}{24} =$

(31) $\dfrac{21}{27} =$

(32) $\dfrac{22}{30} =$

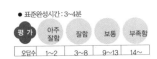

● 표준완성시간 : 3~4분

평 가	아주 잘함	잘함	보통	부족함
오답수	1~2	3~8	9~13	14~

이름 :

날짜 :　　　월　　　일

시간 :　　：　　～　　：

● 약분 ⑬

♣ 다음 분수를 약분하여 기약분수로 나타내어라.

(1) $\dfrac{20}{32} =$

(2) $\dfrac{27}{36} =$

(3) $\dfrac{12}{39} =$

(4) $\dfrac{24}{40} =$

(5) $\dfrac{21}{42} =$

(6) $\dfrac{16}{44} =$

(7) $\dfrac{18}{48} =$

(8) $\dfrac{35}{50} =$

(9) $\dfrac{32}{52} =$

(10) $\dfrac{30}{55} =$

(11) $\dfrac{28}{56} =$

(12) $\dfrac{3}{57} =$

(13) $\dfrac{24}{60} =$

(14) $\dfrac{27}{63} =$

(15) $\dfrac{32}{64} =$

(24) $\dfrac{24}{30} =$

(16) $\dfrac{25}{65} =$

(25) $\dfrac{24}{32} =$

(17) $\dfrac{30}{70} =$

(26) $\dfrac{6}{33} =$

(18) $\dfrac{42}{70} =$

(27) $\dfrac{28}{35} =$

(19) $\dfrac{28}{70} =$

(28) $\dfrac{30}{36} =$

(20) $\dfrac{24}{72} =$

(29) $\dfrac{28}{40} =$

(21) $\dfrac{48}{72} =$

(30) $\dfrac{28}{42} =$

(22) $\dfrac{35}{75} =$

(31) $\dfrac{20}{44} =$

(23) $\dfrac{8}{28} =$

(32) $\dfrac{21}{49} =$

기초 탄탄

254a

평가	아주 잘함	잘함	보통	부족함
오답수	1~2	3~8	9~13	14~

이름 :

날짜 :   월   일

시간 :   :   ~   :

● 약분 ⑭

♣ 다음 분수를 약분하여 기약분수로 나타내어라.

(1) $\dfrac{30}{50} =$

(2) $\dfrac{27}{54} =$

(3) $\dfrac{14}{56} =$

(4) $\dfrac{32}{56} =$

(5) $\dfrac{42}{56} =$

(6) $\dfrac{15}{57} =$

(7) $\dfrac{36}{60} =$

(8) $\dfrac{44}{60} =$

(9) $\dfrac{45}{63} =$

(10) $\dfrac{42}{63} =$

(11) $\dfrac{35}{70} =$

(12) $\dfrac{32}{72} =$

(13) $\dfrac{36}{72} =$

(14) $\dfrac{30}{72} =$

(15) $\dfrac{40}{72} =$

(24) $\dfrac{16}{30} =$

(16) $\dfrac{30}{75} =$

(25) $\dfrac{21}{33} =$

(17) $\dfrac{6}{10} =$

(26) $\dfrac{21}{36} =$

(18) $\dfrac{9}{15} =$

(27) $\dfrac{11}{22} =$

(19) $\dfrac{8}{16} =$

(28) $\dfrac{11}{33} =$

(20) $\dfrac{16}{20} =$

(29) $\dfrac{22}{33} =$

(21) $\dfrac{7}{21} =$

(30) $\dfrac{11}{44} =$

(22) $\dfrac{10}{22} =$

(31) $\dfrac{33}{44} =$

(23) $\dfrac{20}{24} =$

(32) $\dfrac{12}{44} =$

● 표준완성시간 : 3~4분

평 가	아주 잘함	잘함	보통	부족함
오답수	1~2	3~8	9~13	14~

이름 :

날짜 :   월   일

시간 :   :   ~   :

● **약분 ⑮**

♣ 다음 분수를 약분하여 기약분수로 나타내어라.

(1) $\dfrac{26}{52} =$

(2) $\dfrac{22}{55} =$

(3) $\dfrac{42}{60} =$

(4) $\dfrac{42}{63} =$

(5) $\dfrac{20}{64} =$

(6) $\dfrac{26}{66} =$

(7) $\dfrac{11}{22} =$

(8) $\dfrac{13}{26} =$

(9) $\dfrac{11}{33} =$

(10) $\dfrac{22}{33} =$

(11) $\dfrac{13}{39} =$

(12) $\dfrac{26}{39} =$

(13) $\dfrac{11}{44} =$

(14) $\dfrac{22}{44} =$

(15) $\dfrac{33}{44} =$

(24) $\dfrac{26}{60} =$

(16) $\dfrac{13}{52} =$

(25) $\dfrac{39}{66} =$

(17) $\dfrac{26}{52} =$

(26) $\dfrac{52}{64} =$

(18) $\dfrac{39}{42} =$

(27) $\dfrac{33}{66} =$

(19) $\dfrac{11}{55} =$

(28) $\dfrac{44}{66} =$

(20) $\dfrac{22}{55} =$

(29) $\dfrac{55}{66} =$

(21) $\dfrac{33}{55} =$

(30) $\dfrac{13}{78} =$

(22) $\dfrac{44}{55} =$

(31) $\dfrac{26}{78} =$

(23) $\dfrac{13}{65} =$

(32) $\dfrac{39}{78} =$

개인별·능력별 학습 프로그램

기탄수학

학습 일정 관리표

공부한 날	교재 번호	오답 수	소요 시간	공부한 날	교재 번호	오답 수	소요 시간
.	256			.	265		
.	257			.	266		
.	258			.	267		
.	259			.	268		
.	260			.	269		
.	261			.	270		
.	262			평 균			
.	263			종합 평가	Ⓐ 아주 잘함　　Ⓑ 잘함		
.	264				Ⓒ 보통　　　　Ⓓ 부족함		

이번주는?				
· 학습 방법	① 매일매일	② 가끔	③ 한꺼번에	– 하였습니다.
· 학습 태도	① 스스로 잘	② 시켜서 억지로		– 하였습니다.
· 학습 흥미	① 재미있게	② 싫증내며		– 하였습니다.
· 교재 내용	① 적합하다고	② 어렵다고	③ 쉽다고	– 하였습니다.

지도 교사가 부모님께	부모님이 지도 교사께

원(교)　　　반　이름　　　　전화　　　 –

기초 탄탄한 교육 · 기초 탄탄한 학습
기탄교육

www.gitan.co.kr/ (02)586-1007(대)

H교재 (256~270) 학습 내용

교재번호	내　　용	표준완성시간
256	약　　　　분 ⑯	
257	〃　　⑰	
258	〃　　⑱	
259	〃　　⑲	
260	〃　　⑳	
261	〃　　㉑	
262	〃　　㉒	
263	〃　　㉓	3~4분
264	〃　　㉔	
265	〃　　㉕	
266	〃　　㉖	
267	〃　　㉗	
268	〃　　㉘	
269	〃　　㉙	
270	〃　　㉚	

●학습 목표 및 지도 포인트

최대공약수를 구하고 이것을 이용하여 약분하는 방법을 연습합니다.

> ※ 최대공약수를 이용하여 약분하기
> 　 최대공약수는 공약수 중에서 가장 큰 수를 의미하고, 나누는 수들을 곱하여
> 　 구한다.
>
> 예
> $$\begin{array}{r} 3\,)\underline{18\quad 27} \\ 3\,)\underline{6\quad9} \\ 2\quad3 \end{array}$$
> 최대공약수
> $3 \times 3 = 9$
> $\dfrac{18}{27} = \dfrac{18 \div 9}{27 \div 9} = \dfrac{2}{3}$

● 표준완성시간 : 3~4분

평가	아주 잘함	잘함	보통	부족함
오답수	1	2~4	5~7	8~

이름 :
날짜 :   월   일
시간 :   :   ~   :

● **약분 ⑯**

┌─────────── 약 수 ───────────┐

15는 3으로 나누어떨어진다.

(1) 15는 5로 나누어 [   ].

15는 6으로 나누어떨어지지 않고 나머지가 있다.

(2) 3과 5를 15의 [   ]라고 한다.

└──────────────────────────┘

♣ 약수를 빈 칸에 써라.

(3)   18의 약수 : 1, 2, [ ], 6, [ ], 18

(4)   24의 약수 : 1, 2, 3, [ ], 6, [ ], 12, 24

(5)   18과 24의 공통된 약수는

1, 2, [ ], [ ]이고, 이것을 18과 24의 **공약수**라고 한다.

┌─────────── 최 대 공 약 수 ───────────┐

(6) 공약수 중 가장 큰 수를 [   ]라고 한다.

└──────────────────────────────┘

(7) 18과 24의 최대공약수는 [   ]이다.

♣ 두 수의 최대공약수를 구하고, 이것을 이용하여 약분하여라.

(1) (18, 24) → ☐6 $\dfrac{18}{24}$ =

(2) (6, 8) → ☐ $\dfrac{6}{8}$ =

(3) (4, 12) → ☐ $\dfrac{4}{12}$ =

(4) (7, 14) → ☐ $\dfrac{7}{14}$ =

(5) (10, 20) → ☐ $\dfrac{10}{20}$ =

(6) (15, 30) → ☐ $\dfrac{15}{30}$ =

(7) (12, 32) → ☐ $\dfrac{12}{32}$ =

(8) (15, 35) → ☐ $\dfrac{15}{35}$ =

H 기초 탄탄 기탄수학
257a

● 표준완성시간 : 3~4분

평가	아주 잘함	잘함	보통	부족함
오답수	1~2	3~5	6~8	9~

이름 :
날짜 :   월   일
시간 :   :   ~   :

● 약분 ⑰

♣ 두 수의 최대공약수를 구하고, 이것을 이용하여 약분하여라.

(1) (8, 20) → ☐ $\dfrac{8}{20}$ =

(2) (6, 18) → ☐ $\dfrac{6}{18}$ =

(3) (4, 12) → ☐ $\dfrac{4}{12}$ =

(4) (8, 16) → ☐ $\dfrac{8}{16}$ =

(5) (18, 24) → ☐ $\dfrac{18}{24}$ =

(6) (12, 16) → ☐ $\dfrac{12}{16}$ =

(7) (16, 24) → ☐ $\dfrac{16}{24}$ =

(8) (8, 12) → ☐ $\dfrac{8}{12}$ =

(9) (12, 20) → ☐ $\dfrac{12}{20}$

(10) (16, 20) → ☐ $\dfrac{16}{20} =$

(11) (32, 56) → ☐ $\dfrac{32}{56} =$

(12) (16, 40) → ☐ $\dfrac{16}{40} =$

(13) (16, 32) → ☐ $\dfrac{16}{32} =$

(14) (32, 40) → ☐ $\dfrac{32}{40} =$

(15) (16, 48) → ☐ $\dfrac{16}{48} =$

(16) (32, 80) → ☐ $\dfrac{32}{80} =$

(17) (16, 80) → ☐ $\dfrac{16}{80} =$

(18) (28, 42) → ☐ $\dfrac{28}{42} =$

기초 탄탄

● 표준완성시간 : 3~4분

평가	아주 잘함	잘함	보통	부족함
오답수	1~2	3~5	6~8	9~

이름 :

날짜 :　　　　　월　　　　일

시간 :　　　 :　　 ~　　 :

● 약분 ⑱

♣ 두 수의 최대공약수를 구하고, 이것을 이용하여 약분하여라.

(1) (15, 75) → ▢　　$\dfrac{15}{75}$ =

(2) (14, 21) → ▢　　$\dfrac{14}{21}$ =

(3) (42, 70) → ▢　　$\dfrac{42}{70}$ =

(4) (30, 75) → ▢　　$\dfrac{30}{75}$ =

(5) (21, 28) → ▢　　$\dfrac{21}{28}$ =

(6) (28, 56) → ▢　　$\dfrac{28}{56}$ =

(7) (42, 63) → ▢　　$\dfrac{42}{63}$ =

(8) (28, 63) → ▢　　$\dfrac{28}{63}$ =

(9) (21, 35) → ▢　　$\dfrac{21}{35}$

(10)　(42, 56)　→ ☐　　$\dfrac{42}{56} =$

(11)　(28, 42)　→ ☐　　$\dfrac{28}{42} =$

(12)　(21, 42)　→ ☐　　$\dfrac{21}{42} =$

(13)　(28, 84)　→ ☐　　$\dfrac{28}{84} =$

(14)　(9, 27)　→ ☐　　$\dfrac{9}{27} =$

(15)　(36, 81)　→ ☐　　$\dfrac{36}{81} =$

(16)　(54, 72)　→ ☐　　$\dfrac{54}{72} =$

(17)　(18, 81)　→ ☐　　$\dfrac{18}{81} =$

(18)　(18, 72)　→ ☐　　$\dfrac{18}{72} =$

● 표준완성시간 : 3~4분

평가	아주 잘함	잘함	보통	부족함
오답수	1~2	3~5	6~8	9~

259a

이름 :

날짜 :   월   일

시간 :   :   ~   :

● 약분 ⑲

♣ 두 수의 최대공약수를 구하고, 이것을 이용하여 약분하여라.

(1) (54, 81) → ☐ $\dfrac{54}{81}$ =

(2) (27, 81) → ☐ $\dfrac{27}{81}$ =

(3) (36, 54) → ☐ $\dfrac{36}{54}$ =

(4) (18, 90) → ☐ $\dfrac{18}{90}$ =

(5) (12, 36) → ☐ $\dfrac{12}{36}$ =

(6) (24, 72) → ☐ $\dfrac{24}{72}$ =

(7) (36, 84) → ☐ $\dfrac{36}{84}$ =

(8) (12, 48) → ☐ $\dfrac{12}{48}$ =

(9) (24, 60) → ☐ $\dfrac{24}{60}$ =

(10)　(12, 24)　→　☐　$\dfrac{12}{24}$ =

(11)　(24, 48)　→　☐　$\dfrac{24}{48}$ =

(12)　(36, 72)　→　☐　$\dfrac{36}{72}$ =

(13)　(24, 96)　→　☐　$\dfrac{24}{96}$ =

(14)　(24, 36)　→　☐　$\dfrac{24}{36}$ =

(15)　(23, 46)　→　☐　$\dfrac{23}{46}$ =

(16)　(46, 92)　→　☐　$\dfrac{46}{92}$ =

(17)　(32, 64)　→　☐　$\dfrac{32}{64}$ =

(18)　(23, 69)　→　☐　$\dfrac{23}{69}$ =

● 표준완성시간 : 3~4분

이름 :

날짜 :   월   일

시간 :   :   ~   :

● **약분 ⑳**

♣ 두 수의 최대공약수를 구하고, 이것을 이용하여 약분하여라.

┌─────────── 최대공약수를 다음과 같은 방법으로도 구할 수 있다. ───────────┐

(18, 27) → $\boxed{9}$ (28, 42) → $\boxed{14}$

3) 18, 27   7) 28, 42
3) 6, 9   2) 4, 6
      2   3   2   3

3 × 3 = 9   7 × 2 = 14

(1) (14, 49) → ☐ $\dfrac{14}{49}$ =

(2) (15, 50) → ☐ $\dfrac{15}{50}$ =

(3) (33, 51) → ☐ $\dfrac{33}{51}$ =

(4) (12, 52) → ☐ $\dfrac{12}{52}$ =

(5) (20, 55) → ☐ $\dfrac{20}{55}$ =

(6) (14, 56) → ☐ $\dfrac{14}{56}$ =

(7) (15, 60) → ☐ $\dfrac{15}{60} =$

(8) (18, 63) → ☐ $\dfrac{18}{63} =$

(9) (16, 64) → ☐ $\dfrac{16}{64} =$

(10) (25, 65) → ☐ $\dfrac{25}{65} =$

(11) (24, 66) → ☐ $\dfrac{24}{66} =$

(12) (28, 68) → ☐ $\dfrac{28}{68} =$

(13) (21, 69) → ☐ $\dfrac{21}{69} =$

(14) (22, 38) → ☐ $\dfrac{22}{38} =$

(15) (16, 40) → ☐ $\dfrac{16}{40} =$

● 표준완성시간 : 3~4분

평가	아주 잘함	잘함	보통	부족함
오답수	1~2	3~5	6~8	9~

이름 :

날짜 :　　　월　　　일

시간 :　　:　　～　　:

● 약분 ㉑

♣ 두 수의 최대공약수를 구하고, 이것을 이용하여 약분하여라.

(1) (45, 115) → ☐　　$\dfrac{45}{115}$ =

(2) (46, 138) → ☐　　$\dfrac{46}{138}$ =

(3) (46, 69) → ☐　　$\dfrac{46}{69}$ =

(4) (32, 96) → ☐　　$\dfrac{32}{96}$ =

(5) (18, 54) → ☐　　$\dfrac{18}{54}$ =

(6) (48, 54) → ☐　　$\dfrac{48}{54}$ =

(7) (24, 48) → ☐　　$\dfrac{24}{48}$ =

(8) (18, 36) → ☐　　$\dfrac{18}{36}$ =

(9) (30, 60) → ☐　　$\dfrac{30}{60}$ =

(10)   (48, 72)   →   ☐ $\dfrac{48}{72} =$

(11)   (42, 48)   →   ☐ $\dfrac{42}{48} =$

(12)   (48, 60)   →   ☐ $\dfrac{48}{60} =$

(13)   (14, 28)   →   ☐ $\dfrac{14}{28} =$

(14)   (14, 35)   →   ☐ $\dfrac{14}{35} =$

(15)   (21, 63)   →   ☐ $\dfrac{21}{63} =$

(16)   (27, 54)   →   ☐ $\dfrac{27}{54} =$

(17)   (32, 48)   →   ☐ $\dfrac{32}{48} =$

(18)   (20, 48)   →   ☐ $\dfrac{20}{48} =$

● 표준완성시간 : 3~4분

평가	아주 잘함	잘함	보통	부족함
오답수	1~2	3~5	6~8	9~

이름 :

날짜 :　　　　 월　　　　 일

시간 :　　: 　～ 　:

● 약분 ㉒

♣ 두 수의 최대공약수를 구하고, 이것을 이용하여 약분하여라.

(1)　(24, 84) → ☐　　$\dfrac{24}{84} =$

(2)　(35, 70) → ☐　　$\dfrac{35}{70} =$

(3)　(24, 56) → ☐　　$\dfrac{24}{56} =$

(4)　(36, 54) → ☐　　$\dfrac{36}{54} =$

(5)　(27, 81) → ☐　　$\dfrac{27}{81} =$

(6)　(35, 105) → ☐　　$\dfrac{35}{105} =$

(7)　(6, 12) → ☐　　$\dfrac{6}{12} =$

(8)　(16, 20) → ☐　　$\dfrac{16}{20} =$

(9)　(18, 24) → ☐　　$\dfrac{18}{24} =$

(10) (20, 30) → ☐ $\dfrac{20}{30}$ =

(11) (15, 30) → ☐ $\dfrac{15}{30}$ =

(12) (24, 36) → ☐ $\dfrac{24}{36}$ =

(13) (2 , 40) → ☐ $\dfrac{20}{40}$ =

(14) (28, 40) → ☐ $\dfrac{28}{40}$ =

(15) (28, 49) → ☐ $\dfrac{28}{49}$ =

(16) (36, 42) → ☐ $\dfrac{36}{42}$ =

(17) (30, 45) → ☐ $\dfrac{30}{45}$ =

(18) (36, 54) → ☐ $\dfrac{36}{54}$ =

● 표준완성시간 : 3~4분

평 가	아주 잘함	잘함	보통	부족함
오답수	1~3	4~9	10~15	16~

이름 :

날짜 :   월   일

시간 :   :   ~   :

263a

● 약분 ㉓

♣ 최대공약수를 이용하여 약분하여라.

(1) $\dfrac{12}{20} =$

(2) $\dfrac{6}{33} =$

(3) $\dfrac{35}{45} =$

(4) $\dfrac{28}{56} =$

(5) $\dfrac{26}{34} =$

(6) $\dfrac{48}{60} =$

(7) $\dfrac{44}{55} =$

(8) $\dfrac{39}{51} =$

(9) $\dfrac{48}{64} =$

(10) $\dfrac{39}{78} =$

(11) $\dfrac{7}{14} =$

(12) $\dfrac{6}{16} =$

(13) $\dfrac{12}{18} =$

(14) $\dfrac{15}{20} =$

(15) $\dfrac{8}{22} =$

(16) $\dfrac{12}{24} =$

(17) $\dfrac{18}{30} =$

(18) $\dfrac{12}{33} =$

(19) $\dfrac{6}{34} =$

(20) $\dfrac{12}{36} =$

(21) $\dfrac{22}{38} =$

(22) $\dfrac{13}{39} =$

(23) $\dfrac{15}{40} =$

(24) $\dfrac{28}{42} =$

(25) $\dfrac{22}{44} =$

(26) $\dfrac{18}{48} =$

(27) $\dfrac{21}{49} =$

(28) $\dfrac{39}{42} =$

(29) $\dfrac{15}{55} =$

(30) $\dfrac{24}{56} =$

(31) $\dfrac{33}{57} =$

(32) $\dfrac{24}{60} =$

● 표준완성시간 : 3~4분

 평가

	아주 잘함	잘함	보통	부족함
오답수	1~3	4~9	10~15	16~

이름 :

날짜 :   월   일

시간 :   :   ~   :

● 약분 ㉔

♣ 최대공약수를 이용하여 약분하여라.

(1) $\dfrac{14}{63} =$

(2) $\dfrac{50}{65} =$

(3) $\dfrac{18}{66} =$

(4) $\dfrac{45}{72} =$

(5) $\dfrac{14}{16} =$

(6) $\dfrac{9}{18} =$

(7) $\dfrac{12}{20} =$

(8) $\dfrac{14}{21} =$

(9) $\dfrac{18}{24} =$

(10) $\dfrac{13}{26} =$

(11) $\dfrac{24}{30} =$

(12) $\dfrac{24}{32} =$

(13) $\dfrac{22}{33} =$

(14) $\dfrac{24}{36} =$

(15) $\dfrac{16}{40} =$

(16) $\dfrac{15}{45} =$

(17) $\dfrac{30}{48} =$

(25) $\dfrac{18}{63} =$

(18) $\dfrac{32}{48} =$

(26) $\dfrac{26}{78} =$

(19) $\dfrac{20}{50} =$

(27) $\dfrac{30}{66} =$

(20) $\dfrac{16}{52} =$

(28) $\dfrac{21}{70} =$

(21) $\dfrac{33}{55} =$

(29) $\dfrac{66}{78} =$

(22) $\dfrac{42}{56} =$

(30) $\dfrac{52}{78} =$

(23) $\dfrac{3}{57} =$

(31) $\dfrac{14}{20} =$

(24) $\dfrac{36}{60} =$

(32) $\dfrac{12}{21} =$

● 표준완성시간 : 3~4분

평 가	아주 잘함	잘함	보통	부족함
오답수	1~3	4~9	10~15	16~

이름 :

날짜 :   월   일

시간 :   :   ~   :

● 약분 ㉕

♣ 최대공약수를 이용하여 약분하여라.

(1) $\dfrac{16}{24} =$

(2) $\dfrac{10}{25} =$

(3) $\dfrac{21}{30} =$

(4) $\dfrac{15}{33} =$

(5) $\dfrac{28}{35} =$

(6) $\dfrac{28}{36} =$

(7) $\dfrac{26}{39} =$

(8) $\dfrac{32}{40} =$

(9) $\dfrac{14}{42} =$

(10) $\dfrac{33}{44} =$

(11) $\dfrac{36}{48} =$

(12) $\dfrac{30}{50} =$

(13) $\dfrac{17}{51} =$

(14) $\dfrac{27}{54} =$

(15) $\dfrac{49}{56} =$

(16) $\dfrac{45}{60} =$

(17) $\dfrac{21}{63} =$

(18) $\dfrac{39}{78} =$

(19) $\dfrac{55}{66} =$

(20) $\dfrac{50}{70} =$

(21) $\dfrac{28}{72} =$

(22) $\dfrac{35}{77} =$

(23) $\dfrac{75}{78} =$

(24) $\dfrac{42}{84} =$

(25) $\dfrac{11}{22} =$

(26) $\dfrac{22}{33} =$

(27) $\dfrac{33}{44} =$

(28) $\dfrac{13}{26} =$

(29) $\dfrac{17}{34} =$

(30) $\dfrac{26}{39} =$

(31) $\dfrac{11}{44} =$

(32) $\dfrac{34}{51} =$

● 표준완성시간 : 3~4분

평 가	아주 잘함	잘함	보통	부족함
오답수	1~3	4~9	10~15	16~

이름 :

날짜 :　　　　월　　　일

시간 :　　:　　～　　:

266a

● 약분 ㉖

♣ 최대공약수를 이용하여 약분하여라.

(1) $\dfrac{13}{52} =$

(2) $\dfrac{39}{52} =$

(3) $\dfrac{13}{65} =$

(4) $\dfrac{34}{68} =$

(5) $\dfrac{17}{68} =$

(6) $\dfrac{51}{68} =$

(7) $\dfrac{34}{85} =$

(8) $\dfrac{68}{85} =$

(9) $\dfrac{10}{14} =$

(10) $\dfrac{12}{21} =$

(11) $\dfrac{16}{24} =$

(12) $\dfrac{13}{26} =$

(13) $\dfrac{24}{30} =$

(14) $\dfrac{11}{33} =$

(15) $\dfrac{17}{34} =$

(16) $\dfrac{32}{36} =$

(17) $\dfrac{28}{42} =$

(25) $\dfrac{44}{48} =$

(18) $\dfrac{22}{44} =$

(26) $\dfrac{13}{52} =$

(19) $\dfrac{17}{51} =$

(27) $\dfrac{26}{52} =$

(20) $\dfrac{21}{56} =$

(28) $\dfrac{22}{55} =$

(21) $\dfrac{13}{26} =$

(29) $\dfrac{42}{60} =$

(22) $\dfrac{13}{39} =$

(30) $\dfrac{42}{63} =$

(23) $\dfrac{26}{39} =$

(31) $\dfrac{20}{64} =$

(24) $\dfrac{33}{44} =$

(32) $\dfrac{36}{45} =$

● 표준완성시간 : 3~4분

평 가	아주 잘함	잘함	보통	부족함
오답수	1~3	4~9	10~15	16~

이름 :

날짜 :   월   일

시간 :   :   ~   :

● **약분 ㉗**

♣ 최대공약수를 이용하여 약분하여라.

(1) $\dfrac{8}{12} =$

(2) $\dfrac{4}{16} =$

(3) $\dfrac{8}{20} =$

(4) $\dfrac{4}{8} =$

(5) $\dfrac{12}{16} =$

(6) $\dfrac{12}{20} =$

(7) $\dfrac{4}{12} =$

(8) $\dfrac{4}{20} =$

(9) $\dfrac{16}{20} =$

(10) $\dfrac{4}{24} =$

(11) $\dfrac{20}{24} =$

(12) $\dfrac{6}{12} =$

(13) $\dfrac{18}{24} =$

(14) $\dfrac{4}{28} =$

(15) $\dfrac{12}{18} =$

(16) $\dfrac{6}{30} =$

(17)　$\dfrac{6}{18}$ =

(18)　$\dfrac{6}{24}$ =

(19)　$\dfrac{18}{30}$ =

(20)　$\dfrac{6}{36}$ =

(21)　$\dfrac{30}{36}$ =

(22)　$\dfrac{24}{42}$ =

(23)　$\dfrac{18}{42}$ =

(24)　$\dfrac{4}{8}$ =

(25)　$\dfrac{4}{16}$ =

(26)　$\dfrac{8}{20}$ =

(27)　$\dfrac{4}{12}$ =

(28)　$\dfrac{12}{16}$ =

(29)　$\dfrac{12}{20}$ =

(30)　$\dfrac{8}{12}$ =

(31)　$\dfrac{4}{20}$ =

(32)　$\dfrac{6}{12}$ =

● 표준완성시간 : 3~4분

평가	아주잘함	잘함	보통	부족함
오답수	1~3	4~9	10~15	16~

이름 :

날짜 :   월   일

시간 :   :   ~   :

268a

● 약분 ㉘

♣ 최대공약수를 이용하여 약분하여라.

(1) $\dfrac{6}{18} =$

(2) $\dfrac{12}{18} =$

(3) $\dfrac{6}{30} =$

(4) $\dfrac{4}{8} =$

(5) $\dfrac{6}{24} =$

(6) $\dfrac{12}{30} =$

(7) $\dfrac{6}{18} =$

(8) $\dfrac{18}{24} =$

(9) $\dfrac{18}{30} =$

(10) $\dfrac{4}{16} =$

(11) $\dfrac{4}{20} =$

(12) $\dfrac{6}{30} =$

(13) $\dfrac{12}{20} =$

(14) $\dfrac{30}{36} =$

(15) $\dfrac{8}{20} =$

(16) $\dfrac{16}{20} =$

(17) $\dfrac{4}{28} =$

(18) $\dfrac{18}{30} =$

(19) $\dfrac{6}{36} =$

(20) $\dfrac{6}{42} =$

(21) $\dfrac{8}{28} =$

(22) $\dfrac{18}{42} =$

(23) $\dfrac{9}{18} =$

(24) $\dfrac{9}{36} =$

(25) $\dfrac{18}{45} =$

(26) $\dfrac{9}{27} =$

(27) $\dfrac{27}{36} =$

(28) $\dfrac{27}{45} =$

(29) $\dfrac{18}{27} =$

(30) $\dfrac{9}{45} =$

(31) $\dfrac{6}{18} =$

(32) $\dfrac{8}{12} =$

기초 탄탄

기탄수학

269a

● 표준완성시간 : 3~4분

평가 | 아주 잘함 | 잘함 | 보통 | 부족함

| 오답수 | 1~3 | 4~9 | 10~15 | 16~ |

이름 :

날짜 :   월   일

시간 :   :   ~   :

● 약분 ㉙

♣ 최대공약수를 이용하여 약분하여라.

(1) $\dfrac{16}{28} =$

(2) $\dfrac{20}{32} =$

(3) $\dfrac{9}{27} =$

(4) $\dfrac{20}{28} =$

(5) $\dfrac{30}{48} =$

(6) $\dfrac{4}{20} =$

(7) $\dfrac{30}{42} =$

(8) $\dfrac{42}{60} =$

(9) $\dfrac{9}{45} =$

(10) $\dfrac{8}{20} =$

(11) $\dfrac{27}{45} =$

(12) $\dfrac{6}{36} =$

(13) $\dfrac{20}{28} =$

(14) $\dfrac{16}{20} =$

(15) $\dfrac{27}{63} =$

(16) $\dfrac{30}{42} =$

(17) $\dfrac{8}{28} =$

(18) $\dfrac{16}{28} =$

(19) $\dfrac{45}{63} =$

(20) $\dfrac{20}{32} =$

(21) $\dfrac{28}{32} =$

(22) $\dfrac{4}{16} =$

(23) $\dfrac{16}{24} =$

(24) $\dfrac{8}{40} =$

(25) $\dfrac{8}{16} =$

(26) $\dfrac{4}{32} =$

(27) $\dfrac{16}{40} =$

(28) $\dfrac{8}{24} =$

(29) $\dfrac{24}{32} =$

(30) $\dfrac{6}{12} =$

(31) $\dfrac{12}{18} =$

(32) $\dfrac{9}{27} =$

기초 탄탄

270a

● 표준완성시간 : 3~4분

평 가	아주 잘함	잘함	보통	부족함
오답수	1~3	4~9	10~15	16~

이름 :

날짜 :　　　　월　　　　일

시간 :　　:　　~　　:

● 약분 ㉚

♣ 최대공약수를 이용하여 약분하여라.

(1) $\dfrac{3}{42} =$

(2) $\dfrac{12}{30} =$

(3) $\dfrac{27}{63} =$

(4) $\dfrac{27}{48} =$

(5) $\dfrac{28}{42} =$

(6) $\dfrac{9}{27} =$

(7) $\dfrac{8}{32} =$

(8) $\dfrac{12}{32} =$

(9) $\dfrac{16}{40} =$

(10) $\dfrac{27}{45} =$

(11) $\dfrac{18}{45} =$

(12) $\dfrac{32}{56} =$

(13) $\dfrac{32}{40} =$

(14) $\dfrac{16}{56} =$

(15) $\dfrac{30}{42} =$

(16) $\dfrac{12}{42} =$

(17) $\dfrac{27}{63} =$

(25) $\dfrac{18}{27} =$

(18) $\dfrac{40}{56} =$

(26) $\dfrac{18}{45} =$

(19) $\dfrac{45}{63} =$

(27) $\dfrac{8}{12} =$

(20) $\dfrac{40}{64} =$

(28) $\dfrac{12}{16} =$

(21) $\dfrac{8}{16} =$

(29) $\dfrac{8}{20} =$

(22) $\dfrac{16}{24} =$

(30) $\dfrac{12}{30} =$

(23) $\dfrac{27}{36} =$

(31) $\dfrac{16}{40} =$

(24) $\dfrac{8}{24} =$

(32) $\dfrac{18}{30} =$

개인별·능력별 학습 프로그램

기탄수학

학습 일정 관리표

공부한 날	교재 번호	오답 수	소요 시간	공부한 날	교재 번호	오답 수	소요 시간
.	271			.	280		
.	272			.	281		
.	273			.	282		
.	274			.	283		
.	275			.	284		
.	276			.	285		
.	277			평 균			
.	278			종합 평가	Ⓐ 아주 잘함 Ⓑ 잘함		
.	279				Ⓒ 보통 Ⓓ 부족함		

이번주는?	· 학습 방법 ① 매일매일 ② 가끔 ③ 한꺼번에	– 하였습니다.
	· 학습 태도 ① 스스로 잘 ② 시켜서 억지로	– 하였습니다.
	· 학습 흥미 ① 재미있게 ② 싫증내며	– 하였습니다.
	· 교재 내용 ① 적합하다고 ② 어렵다고 ③ 쉽다고	– 하였습니다.

지도 교사가 부모님께	부모님이 지도 교사께

원(교)   반 이름   전화   –

기초 탄탄한 교육 · 기초 탄탄한 학습
기탄교육

www.gitan.co.kr / (02)586-1007(대)

H교재 (271~285) 학습 내용

교재번호	내 용		표준완성시간
271	약 분	㉛	
272	〃	㉜	
273	〃	㉝	
274	〃	㉞	
275	〃	㉟	
276	〃	㊱	
277	〃	㊲	3~4분
278	〃	㊳	
279	〃	㊴	
280	〃	㊵	
281	〃	㊶	
282	〃	㊷	
283	〃	㊸	
284	〃	㊹	
285	〃	㊺	

●학습 목표 및 지도 포인트

최대공약수를 이용하여 약분하는 법을 연습합니다.
기약분수란 약분이 더이상 되지 않는 분수를 말하며 모든 분수는 기약분수로 표현
한다는 것을 이해하도록 해 주십시오.

이름 :

날짜 :   월   일

시간 :   :   ～   :

● 표준완성시간 : 3～4분

평 가	아주 잘함	잘함	보통	부족함
오답수	1～3	4～9	10～15	16～

271a

● 약분 ㉛

♣ 최대공약수를 이용하여 약분하여라.

(1) $\dfrac{18}{45} =$

(2) $\dfrac{24}{40} =$

(3) $\dfrac{12}{20} =$

(4) $\dfrac{36}{42} =$

(5) $\dfrac{8}{12} =$

(6) $\dfrac{12}{30} =$

(7) $\dfrac{24}{32} =$

(8) $\dfrac{27}{45} =$

(9) $\dfrac{30}{36} =$

(10) $\dfrac{8}{28} =$

(11) $\dfrac{42}{48} =$

(12) $\dfrac{32}{40} =$

(13) $\dfrac{45}{72} =$

(14) $\dfrac{32}{56} =$

(15) $\dfrac{27}{72} =$

(16) $\dfrac{12}{28} =$

(17) $\dfrac{18}{81} =$

(18) $\dfrac{30}{42} =$

(19) $\dfrac{45}{54} =$

(20) $\dfrac{5}{20} =$

(21) $\dfrac{10}{30} =$

(22) $\dfrac{10}{40} =$

(23) $\dfrac{10}{20} =$

(24) $\dfrac{20}{30} =$

(25) $\dfrac{30}{40} =$

(26) $\dfrac{5}{30} =$

(27) $\dfrac{5}{40} =$

(28) $\dfrac{10}{60} =$

(29) $\dfrac{15}{60} =$

(30) $\dfrac{20}{70} =$

(31) $\dfrac{5}{50} =$

(32) $\dfrac{40}{70} =$

● 표준완성시간 : 3~4분

평 가	아주 잘함	잘함	보통	부족함
오답수	1~3	4~9	10~15	16~

이름 :

날짜 :   월   일

시간 :   :   ~   :

● 약분 ㉜

♣ 최대공약수를 이용하여 약분하여라.

(1) $\dfrac{10}{50} =$

(2) $\dfrac{50}{70} =$

(3) $\dfrac{15}{50} =$

(4) $\dfrac{5}{30} =$

(5) $\dfrac{10}{30} =$

(6) $\dfrac{20}{30} =$

(7) $\dfrac{25}{30} =$

(8) $\dfrac{15}{30} =$

(9) $\dfrac{30}{80} =$

(10) $\dfrac{90}{100} =$

(11) $\dfrac{10}{40} =$

(12) $\dfrac{70}{90} =$

(13) $\dfrac{70}{110} =$

(14) $\dfrac{20}{70} =$

(15) $\dfrac{70}{100} =$

(16) $\dfrac{110}{130} =$

(17) $\dfrac{130}{140} =$

(18) $\dfrac{130}{200} =$

(19) $\dfrac{4}{24} =$

(20) $\dfrac{12}{24} =$

(21) $\dfrac{24}{36} =$

(22) $\dfrac{6}{24} =$

(23) $\dfrac{12}{36} =$

(24) $\dfrac{36}{48} =$

(25) $\dfrac{8}{24} =$

(26) $\dfrac{12}{48} =$

(27) $\dfrac{12}{60} =$

(28) $\dfrac{24}{60} =$

(29) $\dfrac{36}{60} =$

(30) $\dfrac{60}{72} =$

(31) $\dfrac{48}{60} =$

(32) $\dfrac{24}{84} =$

● 표준완성시간 : 3~4분

평 가	아주 잘함	잘함	보통	부족함
오답수	1~3	4~9	10~15	16~

이름 :

날짜 :   월   일

시간 :   :   ~   :

273a

● 약분 ㉝

♣ 최대공약수를 이용하여 약분하여라.

(1) $\dfrac{12}{72} =$

(2) $\dfrac{36}{84} =$

(3) $\dfrac{15}{30} =$

(4) $\dfrac{15}{45} =$

(5) $\dfrac{30}{45} =$

(6) $\dfrac{15}{60} =$

(7) $\dfrac{45}{60} =$

(8) $\dfrac{45}{75} =$

(9) $\dfrac{50}{75} =$

(10) $\dfrac{15}{75} =$

(11) $\dfrac{25}{50} =$

(12) $\dfrac{25}{100} =$

(13) $\dfrac{30}{75} =$

(14) $\dfrac{25}{75} =$

(15) $\dfrac{75}{100} =$

(16) $\dfrac{25}{125} =$

(17) $\dfrac{75}{125} =$

(18) $\dfrac{12}{42} =$

(19) $\dfrac{24}{60} =$

(20) $\dfrac{24}{48} =$

(21) $\dfrac{24}{36} =$

(22) $\dfrac{36}{60} =$

(23) $\dfrac{12}{60} =$

(24) $\dfrac{36}{48} =$

(25) $\dfrac{60}{72} =$

(26) $\dfrac{15}{30} =$

(27) $\dfrac{30}{45} =$

(28) $\dfrac{45}{60} =$

(29) $\dfrac{36}{72} =$

(30) $\dfrac{60}{75} =$

(31) $\dfrac{30}{60} =$

(32) $\dfrac{24}{72} =$

● 표준완성시간 : 3~4분

평 가	아주 잘함	잘함	보통	부족함
오답수	1~3	4~9	10~15	16~

이름 :

날짜 :   월   일

시간 :   :   ~   :

H 기탄수학 274a

● 약분 ㉞

♣ 최대공약수를 이용하여 약분하여라.

(1) $\dfrac{60}{90} =$

(2) $\dfrac{25}{50} =$

(3) $\dfrac{50}{100} =$

(4) $\dfrac{30}{40} =$

(5) $\dfrac{45}{90} =$

(6) $\dfrac{25}{75} =$

(7) $\dfrac{50}{150} =$

(8) $\dfrac{20}{40} =$

(9) $\dfrac{75}{150} =$

(10) $\dfrac{100}{150} =$

(11) $\dfrac{30}{90} =$

(12) $\dfrac{100}{200} =$

(13) $\dfrac{75}{100} =$

(14) $\dfrac{25}{100} =$

(15) $\dfrac{7}{14} =$

(16) $\dfrac{7}{28} =$

(17) $\dfrac{14}{35} =$

(18) $\dfrac{7}{21} =$

(19) $\dfrac{14}{28} =$

(20) $\dfrac{21}{35} =$

(21) $\dfrac{14}{21} =$

(22) $\dfrac{21}{28} =$

(23) $\dfrac{28}{35} =$

(24) $\dfrac{7}{42} =$

(25) $\dfrac{14}{42} =$

(26) $\dfrac{35}{49} =$

(27) $\dfrac{28}{42} =$

(28) $\dfrac{14}{56} =$

(29) $\dfrac{21}{49} =$

(30) $\dfrac{28}{70} =$

(31) $\dfrac{5}{15} =$

(32) $\dfrac{15}{30} =$

이름 :

날짜 :   월   일

시간 :   :   ~   :

● 약분 ㉟

♣ 최대공약수를 이용하여 약분하여라.

(1) $\dfrac{30}{35} =$

(2) $\dfrac{15}{40} =$

(3) $\dfrac{40}{60} =$

(4) $\dfrac{5}{20} =$

(5) $\dfrac{20}{30} =$

(6) $\dfrac{5}{40} =$

(7) $\dfrac{20}{40} =$

(8) $\dfrac{10}{20} =$

(9) $\dfrac{10}{30} =$

(10) $\dfrac{20}{35} =$

(11) $\dfrac{10}{40} =$

(12) $\dfrac{15}{60} =$

(13) $\dfrac{20}{60} =$

(14) $\dfrac{4}{12} =$

(15) $\dfrac{4}{14} =$

(16) $\dfrac{10}{15} =$

(17) $\dfrac{6}{12} =$

(25) $\dfrac{5}{20} =$

(18) $\dfrac{7}{14} =$

(26) $\dfrac{9}{18} =$

(19) $\dfrac{4}{16} =$

(27) $\dfrac{8}{20} =$

(20) $\dfrac{8}{12} =$

(28) $\dfrac{12}{18} =$

(21) $\dfrac{5}{15} =$

(29) $\dfrac{10}{20} =$

(22) $\dfrac{8}{16} =$

(30) $\dfrac{7}{21} =$

(23) $\dfrac{12}{16} =$

(31) $\dfrac{12}{24} =$

(24) $\dfrac{6}{18} =$

(32) $\dfrac{9}{27} =$

기초 탄탄
276a

● 표준완성시간 : 3~4분

평가 | 아주 잘함 | 잘함 | 보통 | 부족함
오답수 | 1~3 | 4~9 | 10~15 | 16~

이름 :

날짜 :   월   일

시간 :   :   ~   :

● 약분 ㊱

♣ 최대공약수를 이용하여 약분하여라.

(1) $\dfrac{4}{40} =$

(2) $\dfrac{25}{50} =$

(3) $\dfrac{14}{21} =$

(4) $\dfrac{18}{24} =$

(5) $\dfrac{10}{30} =$

(6) $\dfrac{10}{40} =$

(7) $\dfrac{6}{24} =$

(8) $\dfrac{8}{24} =$

(9) $\dfrac{15}{25} =$

(10) $\dfrac{15}{30} =$

(11) $\dfrac{20}{40} =$

(12) $\dfrac{15}{45} =$

(13) $\dfrac{4}{12} =$

(14) $\dfrac{9}{18} =$

(15) $\dfrac{9}{27} =$

(16) $\dfrac{4}{16} =$

(17) $\dfrac{6}{24} =$

(25) $\dfrac{10}{35} =$

(18) $\dfrac{12}{27} =$

(26) $\dfrac{6}{36} =$

(19) $\dfrac{4}{18} =$

(27) $\dfrac{14}{35} =$

(20) $\dfrac{12}{24} =$

(28) $\dfrac{12}{36} =$

(21) $\dfrac{18}{27} =$

(29) $\dfrac{8}{36} =$

(22) $\dfrac{6}{30} =$

(30) $\dfrac{12}{40} =$

(23) $\dfrac{8}{32} =$

(31) $\dfrac{7}{42} =$

(24) $\dfrac{4}{36} =$

(32) $\dfrac{9}{45} =$

● 표준완성시간 : 3~4분

평가	아주 잘함	잘함	보통	부족함
오답수	1~3	4~9	10~15	16~

이름 :
날짜 : 월 일
시간 : : ~ :

● 약분 ㊲

♣ 최대공약수를 이용하여 약분하여라.

(1) $\frac{12}{48}=$

(2) $\frac{12}{36}=$

(3) $\frac{20}{40}=$

(4) $\frac{14}{42}=$

(5) $\frac{21}{45}=$

(6) $\frac{42}{48}=$

(7) $\frac{32}{36}=$

(8) $\frac{14}{38}=$

(9) $\frac{36}{40}=$

(10) $\frac{28}{42}=$

(11) $\frac{15}{45}=$

(12) $\frac{8}{48}=$

(13) $\frac{6}{12}=$

(14) $\frac{12}{18}=$

(15) $\frac{21}{27}=$

(16) $\frac{8}{16}=$

(17) $\dfrac{8}{24} =$

(25) $\dfrac{9}{36} =$

(18) $\dfrac{26}{28} =$

(26) $\dfrac{14}{38} =$

(19) $\dfrac{14}{16} =$

(27) $\dfrac{30}{36} =$

(20) $\dfrac{18}{27} =$

(28) $\dfrac{8}{40} =$

(21) $\dfrac{15}{30} =$

(29) $\dfrac{10}{40} =$

(22) $\dfrac{25}{30} =$

(30) $\dfrac{36}{48} =$

(23) $\dfrac{4}{32} =$

(31) $\dfrac{15}{55} =$

(24) $\dfrac{6}{38} =$

(32) $\dfrac{16}{56} =$

H 기초 탄탄 기탄수학
278a

● 표준완성시간 : 3~4분

평 가	아주 잘함	잘함	보통	부족함
오답수	1~3	4~9	10~15	16~

이름 :
날짜 :　　　　월　　　일
시간 :　　：　　～　　：

● 약분 ㊳

♣ 최대공약수를 이용하여 약분하여라.

(1) $\dfrac{21}{63} =$

(2) $\dfrac{21}{42} =$

(3) $\dfrac{3}{51} =$

(4) $\dfrac{4}{56} =$

(5) $\dfrac{2}{58} =$

(6) $\dfrac{16}{64} =$

(7) $\dfrac{4}{44} =$

(8) $\dfrac{15}{45} =$

(9) $\dfrac{4}{52} =$

(10) $\dfrac{21}{56} =$

(11) $\dfrac{12}{60} =$

(12) $\dfrac{40}{60} =$

(13) $\dfrac{8}{12} =$

(14) $\dfrac{8}{28} =$

(15) $\dfrac{12}{33} =$

(16) $\dfrac{4}{16} =$

(17) $\dfrac{12}{30} =$

(18) $\dfrac{4}{34} =$

(19) $\dfrac{9}{27} =$

(20) $\dfrac{4}{32} =$

(21) $\dfrac{15}{35} =$

(22) $\dfrac{22}{38} =$

(23) $\dfrac{3}{39} =$

(24) $\dfrac{21}{42} =$

(25) $\dfrac{8}{40} =$

(26) $\dfrac{8}{44} =$

(27) $\dfrac{12}{42} =$

(28) $\dfrac{11}{44} =$

(29) $\dfrac{8}{46} =$

(30) $\dfrac{5}{35} =$

(31) $\dfrac{14}{56} =$

(32) $\dfrac{18}{60} =$

기초 탄탄

279a

● 표준완성시간 : 3~4분

평 가	아주 잘함	잘함	보통	부족함
오답수	1~3	4~9	10~15	16~

이름 :

날짜 :   월   일

시간 :   :   ～   :

● 약분 �39

♣ 최대공약수를 이용하여 약분하여라.

(1) $\dfrac{18}{66} =$

(2) $\dfrac{18}{48} =$

(3) $\dfrac{18}{54} =$

(4) $\dfrac{33}{57} =$

(5) $\dfrac{8}{16} =$

(6) $\dfrac{8}{20} =$

(7) $\dfrac{15}{30} =$

(8) $\dfrac{27}{36} =$

(9) $\dfrac{14}{42} =$

(10) $\dfrac{12}{16} =$

(11) $\dfrac{14}{21} =$

(12) $\dfrac{18}{32} =$

(13) $\dfrac{12}{39} =$

(14) $\dfrac{16}{44} =$

(15) $\dfrac{20}{48} =$

(16) $\dfrac{36}{54} =$

(17) $\dfrac{3}{57} =$

(18) $\dfrac{28}{63} =$

(19) $\dfrac{30}{70} =$

(20) $\dfrac{33}{51} =$

(21) $\dfrac{32}{52} =$

(22) $\dfrac{21}{56} =$

(23) $\dfrac{31}{62} =$

(24) $\dfrac{25}{65} =$

(25) $\dfrac{28}{68} =$

(26) $\dfrac{12}{20} =$

(27) $\dfrac{24}{30} =$

(28) $\dfrac{18}{36} =$

(29) $\dfrac{28}{40} =$

(30) $\dfrac{24}{48} =$

(31) $\dfrac{13}{52} =$

(32) $\dfrac{6}{18} =$

기초 탄탄

H 기탄수학

280a

● 표준완성시간 : 3~4분

평가	아주 잘함	잘함	보통	부족함
오답수	1~3	4~9	10~15	16~

이름 :

날짜 :   월   일

시간 :   :   ~   :

● 약분 ㊵

♣ 최대공약수를 이용하여 약분하여라.

(1) $\dfrac{16}{28} =$

(2) $\dfrac{16}{34} =$

(3) $\dfrac{15}{45} =$

(4) $\dfrac{8}{52} =$

(5) $\dfrac{30}{54} =$

(6) $\dfrac{14}{56} =$

(7) $\dfrac{36}{60} =$

(8) $\dfrac{48}{64} =$

(9) $\dfrac{48}{72} =$

(10) $\dfrac{28}{56} =$

(11) $\dfrac{32}{56} =$

(12) $\dfrac{40}{60} =$

(13) $\dfrac{18}{63} =$

(14) $\dfrac{30}{66} =$

(15) $\dfrac{14}{70} =$

(16) $\dfrac{18}{27} =$

(17) $\dfrac{20}{32} =$

(25) $\dfrac{30}{45} =$

(18) $\dfrac{24}{36} =$

(26) $\dfrac{27}{54} =$

(19) $\dfrac{32}{40} =$

(27) $\dfrac{44}{60} =$

(20) $\dfrac{36}{48} =$

(28) $\dfrac{45}{63} =$

(21) $\dfrac{33}{55} =$

(29) $\dfrac{36}{66} =$

(22) $\dfrac{12}{24} =$

(30) $\dfrac{18}{72} =$

(23) $\dfrac{20}{30} =$

(31) $\dfrac{54}{72} =$

(24) $\dfrac{15}{35} =$

(32) $\dfrac{48}{60} =$

● 표준완성시간 : 3~4분

평 가	아주 잘함	잘함	보통	부족함
오답수	1~3	4~9	10~15	16~

이름 :

날짜 :　　　　월　　　　일

시간 :　　：　～　：

● 약분 ㊶

♣ 최대공약수를 이용하여 약분하여라.

(1) $\dfrac{45}{60} =$

(2) $\dfrac{16}{64} =$

(3) $\dfrac{50}{70} =$

(4) $\dfrac{24}{72} =$

(5) $\dfrac{36}{72} =$

(6) $\dfrac{28}{42} =$

(7) $\dfrac{25}{60} =$

(8) $\dfrac{24}{54} =$

(9) $\dfrac{30}{54} =$

(10) $\dfrac{14}{56} =$

(11) $\dfrac{32}{56} =$

(12) $\dfrac{12}{42} =$

(13) $\dfrac{30}{45} =$

(14) $\dfrac{12}{54} =$

(15) $\dfrac{48}{54} =$

(16) $\dfrac{28}{56} =$

281b

(17) $\dfrac{24}{60} =$ (25) $\dfrac{42}{70} =$

(18) $\dfrac{20}{64} =$ (26) $\dfrac{48}{72} =$

(19) $\dfrac{40}{70} =$ (27) $\dfrac{30}{75} =$

(20) $\dfrac{12}{72} =$ (28) $\dfrac{6}{15} =$

(21) $\dfrac{45}{75} =$ (29) $\dfrac{3}{21} =$

(22) $\dfrac{45}{60} =$ (30) $\dfrac{20}{24} =$

(23) $\dfrac{48}{60} =$ (31) $\dfrac{12}{26} =$

(24) $\dfrac{32}{64} =$ (32) $\dfrac{26}{34} =$

● 표준완성시간 : 3~4분

평가 아주잘함 잘함 보통 부족함

오답수 1~3 4~9 10~15 16~

H 282a

이름 :

날짜 :   월   일

시간 :   :   ~   :

● 약분 ㊷

♣ 최대공약수를 이용하여 약분하여라.

(1) $\dfrac{32}{40} =$

(2) $\dfrac{8}{14} =$

(3) $\dfrac{10}{20} =$

(4) $\dfrac{20}{22} =$

(5) $\dfrac{16}{32} =$

(6) $\dfrac{20}{40} =$

(7) $\dfrac{11}{22} =$

(8) $\dfrac{35}{45} =$

(9) $\dfrac{36}{52} =$

(10) $\dfrac{22}{55} =$

(11) $\dfrac{56}{62} =$

(12) $\dfrac{12}{66} =$

(13) $\dfrac{11}{33} =$

(14) $\dfrac{22}{33} =$

(15) $\dfrac{16}{46} =$

(16) $\dfrac{33}{55} =$

(17) $\dfrac{42}{63} =$

(18) $\dfrac{11}{22} =$

(19) $\dfrac{18}{27} =$

(20) $\dfrac{24}{32} =$

(21) $\dfrac{11}{33} =$

(22) $\dfrac{30}{39} =$

(23) $\dfrac{32}{44} =$

(24) $\dfrac{4}{12} =$

(25) $\dfrac{9}{24} =$

(26) $\dfrac{24}{28} =$

(27) $\dfrac{22}{33} =$

(28) $\dfrac{12}{44} =$

(29) $\dfrac{4}{52} =$

(30) $\dfrac{15}{57} =$

(31) $\dfrac{21}{63} =$

(32) $\dfrac{22}{66} =$

● 약분 �43

♣ 최대공약수를 이용하여 약분하여라.

(1) $\dfrac{34}{68} =$ (9) $\dfrac{21}{28} =$

(2) $\dfrac{11}{55} =$ (10) $\dfrac{24}{32} =$

(3) $\dfrac{44}{55} =$ (11) $\dfrac{18}{36} =$

(4) $\dfrac{12}{60} =$ (12) $\dfrac{33}{44} =$

(5) $\dfrac{16}{64} =$ (13) $\dfrac{18}{24} =$

(6) $\dfrac{30}{66} =$ (14) $\dfrac{20}{30} =$

(7) $\dfrac{33}{66} =$ (15) $\dfrac{11}{33} =$

(8) $\dfrac{14}{20} =$ (16) $\dfrac{22}{34} =$

(17) $\dfrac{20}{40} =$

(25) $\dfrac{22}{44} =$

(18) $\dfrac{8}{48} =$

(26) $\dfrac{35}{50} =$

(19) $\dfrac{13}{39} =$

(27) $\dfrac{26}{52} =$

(20) $\dfrac{39}{42} =$

(28) $\dfrac{13}{65} =$

(21) $\dfrac{21}{49} =$

(29) $\dfrac{14}{68} =$

(22) $\dfrac{36}{60} =$

(30) $\dfrac{11}{22} =$

(23) $\dfrac{52}{78} =$

(31) $\dfrac{11}{44} =$

(24) $\dfrac{26}{39} =$

(32) $\dfrac{22}{55} =$

● 표준완성시간 : 3~4분

평가	아주 잘함	잘함	보통	부족함
오답수	1~3	4~9	10~15	16~

이름 :

날짜 :　　　　월　　　　일

시간 :　　:　　～　　:

● 약분 ㊹

♣ 최대공약수를 이용하여 약분하여라.

(1) $\dfrac{26}{39} =$　　　　　　　　(9) $\dfrac{33}{55} =$

(2) $\dfrac{39}{52} =$　　　　　　　　(10) $\dfrac{32}{64} =$

(3) $\dfrac{22}{33} =$　　　　　　　　(11) $\dfrac{35}{65} =$

(4) $\dfrac{33}{44} =$　　　　　　　　(12) $\dfrac{22}{66} =$

(5) $\dfrac{13}{26} =$　　　　　　　　(13) $\dfrac{52}{64} =$

(6) $\dfrac{13}{39} =$　　　　　　　　(14) $\dfrac{55}{60} =$

(7) $\dfrac{26}{52} =$　　　　　　　　(15) $\dfrac{44}{55} =$

(8) $\dfrac{45}{70} =$　　　　　　　　(16) $\dfrac{26}{65} =$

(17) $\dfrac{12}{66} =$

(18) $\dfrac{36}{63} =$

(19) $\dfrac{48}{64} =$

(20) $\dfrac{10}{14} =$

(21) $\dfrac{8}{20} =$

(22) $\dfrac{16}{24} =$

(23) $\dfrac{24}{30} =$

(24) $\dfrac{4}{38} =$

(25) $\dfrac{3}{18} =$

(26) $\dfrac{11}{22} =$

(27) $\dfrac{13}{26} =$

(28) $\dfrac{7}{28} =$

(29) $\dfrac{32}{36} =$

(30) $\dfrac{12}{40} =$

(31) $\dfrac{30}{42} =$

(32) $\dfrac{12}{48} =$

● 표준완성시간 : 3~4분

평 가	아주 잘함	잘함	보통	부족함
오답수	1~3	4~9	10~15	16~

이름 :

날짜 :　　　　월　　　일

시간 :　　：　　 ~ 　：

● 약분 ㊺

♣ 최대공약수를 이용하여 약분하여라.

(1) $\dfrac{45}{50} =$

(2) $\dfrac{26}{39} =$

(3) $\dfrac{65}{80} =$

(4) $\dfrac{2}{44} =$

(5) $\dfrac{35}{45} =$

(6) $\dfrac{44}{55} =$

(7) $\dfrac{21}{56} =$

(8) $\dfrac{13}{78} =$

(9) $\dfrac{26}{78} =$

(10) $\dfrac{15}{20} =$

(11) $\dfrac{6}{24} =$

(12) $\dfrac{12}{27} =$

(13) $\dfrac{21}{28} =$

(14) $\dfrac{17}{34} =$

(15) $\dfrac{33}{42} =$

(16) $\dfrac{6}{18} =$

(17) $\dfrac{12}{22} =$

(18) $\dfrac{13}{26} =$

(19) $\dfrac{20}{32} =$

(20) $\dfrac{30}{36} =$

(21) $\dfrac{28}{42} =$

(22) $\dfrac{22}{44} =$

(23) $\dfrac{36}{48} =$

(24) $\dfrac{35}{50} =$

(25) $\dfrac{44}{66} =$

(26) $\dfrac{55}{77} =$

(27) $\dfrac{8}{16} =$

(28) $\dfrac{8}{22} =$

(29) $\dfrac{18}{27} =$

(30) $\dfrac{5}{40} =$

(31) $\dfrac{8}{14} =$

(32) $\dfrac{11}{88} =$

개인별·능력별 학습 프로그램

기탄수학

학습 일정 관리표

공부한 날	교재 번호	오답 수	소요 시간	공부한 날	교재 번호	오답 수	소요 시간
.	286			.	295		
.	287			.	296		
.	288			.	297		
.	289			.	298		
.	290			.	299		
.	291			.	300		
.	292			평 균			
.	293			종합 평가	Ⓐ 아주 잘함 Ⓑ 잘함		
.	294				Ⓒ 보통 Ⓓ 부족함		

이번 주는?	· 학습 방법 ① 매일매일 ② 가끔 ③ 한꺼번에 – 하였습니다.
	· 학습 태도 ① 스스로 잘 ② 시켜서 억지로 – 하였습니다.
	· 학습 흥미 ① 재미있게 ② 싫증내며 – 하였습니다.
	· 교재 내용 ① 적합하다고 ② 어렵다고 ③ 쉽다고 – 하였습니다.

지도 교사가 부모님께	부모님이 지도 교사께

원(교)   반   이름   전화   –

기초 탄탄한 교육·기초 탄탄한 학습
Ｇ 기탄교육
www.gitan.co.kr / (02)586-1007(대)

H교재 (286~300) 학습 내용

교재번호	내용	표준완성시간
286	분수의 덧셈 ①	
287	〃 ②	
288	〃 ③	
289	〃 ④	
290	〃 ⑤	
291	분수의 뺄셈 ①	
292	〃 ②	
293	〃 ③	3~4분
294	〃 ④	
295	〃 ⑤	
296	〃 ⑥	
297	〃 ⑦	
298	〃 ⑧	
299	분수의 덧셈과 뺄셈 종합 ①	
300	〃 ②	

●학습 목표 및 지도 포인트

동분모 분수의 덧셈과 뺄셈에 대한 학습이 시작됩니다.

※ 분모가 같은 분수의 덧셈
▶ (진분수)+(진분수)의 계산에서는 분모는 그대로 두고 분자끼리 더한다.
   합이 가분수이면 대분수로 고친다.
▶ (대분수)+(대분수)의 계산에서는 자연수는 자연수끼리, 분수는 분수끼리
   더한다. 합이 가분수이면 대분수로 고친다.

고학년이 되면 수학을 어려워하는 어린이들이 늘어나는데, 이는 대부분 분수의 계산력이 부족한 경우가 많으니 특별히 분수에 대한 계산력을 충분히 길러 주십시오.

● 표준완성시간 : 3~4분

평가	아주 잘함	잘함	보통	부족함
오답수	1	2~3	4~6	7~

286a

이름 :

날짜 :   월   일

시간 :   :   ~   :

● 분수의 덧셈 ①

♣ 덧셈을 하여라.

(1) $\dfrac{3}{4} + \dfrac{3}{4} = \dfrac{\boxed{3} + \boxed{3}}{4} = \dfrac{\boxed{6}}{4} = 1\dfrac{\boxed{2}}{4} = 1\dfrac{1}{2}$

(2) $\dfrac{6}{7} + \dfrac{5}{7} = \dfrac{\boxed{} + \boxed{}}{7} = \dfrac{\boxed{}}{7} = 1\dfrac{\boxed{}}{7}$

(3) $\dfrac{1}{5} + \dfrac{2}{5} = \dfrac{\boxed{} + \boxed{}}{5} = \dfrac{\boxed{}}{5}$

(4) $\dfrac{4}{9} + \dfrac{5}{9} + \dfrac{8}{9} = \dfrac{\boxed{} + \boxed{} + \boxed{}}{9} = \dfrac{\boxed{}}{9} = 1\dfrac{\boxed{}}{9}$

(5) $\dfrac{3}{5} + \dfrac{3}{5} =$

(6) $\dfrac{4}{5} + \dfrac{3}{5} =$

(7) $\dfrac{3}{7} + \dfrac{2}{7} =$

(8) $\dfrac{1}{3} + \dfrac{1}{3} =$

(9) $\dfrac{1}{5} + \dfrac{2}{5} =$

(10) $\dfrac{1}{7} + \dfrac{2}{7} =$

(11) $\dfrac{5}{7} + \dfrac{3}{7} =$

(12) $\dfrac{6}{7} + \dfrac{2}{7} =$

(13) $\dfrac{1}{8} + \dfrac{5}{8} =$

(14) $\dfrac{1}{8} + \dfrac{7}{8} =$

● 분수의 덧셈 ②

♣ 덧셈을 하여라.

(1) $\dfrac{1}{9} + \dfrac{5}{9} =$

(2) $\dfrac{4}{9} + \dfrac{7}{9} =$

(3) $\dfrac{4}{9} + \dfrac{5}{9} =$

(4) $\dfrac{7}{9} + \dfrac{8}{9} =$

(5) $\dfrac{1}{5} + \dfrac{1}{5} + \dfrac{2}{5} =$

(6) $\dfrac{2}{5} + \dfrac{2}{5} + \dfrac{4}{5} =$

(7) $\dfrac{4}{5} + \dfrac{4}{5} + \dfrac{4}{5} =$

(8) $\dfrac{1}{7} + \dfrac{3}{7} + \dfrac{4}{7} =$

(9) $\dfrac{5}{7} + \dfrac{3}{7} + \dfrac{4}{7} =$

(10) $\dfrac{5}{8} + \dfrac{3}{8} + \dfrac{1}{8} =$

(11) $\dfrac{5}{8} + \dfrac{7}{8} + \dfrac{3}{8} =$

(12) $\dfrac{7}{9} + \dfrac{8}{9} + \dfrac{5}{9} =$

(13) $\dfrac{9}{10} + \dfrac{1}{10} + \dfrac{7}{10} =$

(14) $\dfrac{3}{10} + \dfrac{5}{10} + \dfrac{1}{10} =$

● 표준완성시간 : 3~4분

평 가	아주 잘함	잘함	보통	부족함
오답수	1	2~3	4~6	7~

이름 :

날짜 :　　　　월　　　　일

시간 :　　　:　　~　　:

● 분수의 덧셈 ③

♣ 덧셈을 하여라.

(1)　　$\dfrac{2}{3} + \dfrac{1}{3} + \dfrac{1}{3} + \dfrac{2}{3} =$

(2)　　$\dfrac{2}{3} + \dfrac{2}{3} + \dfrac{1}{3} + \dfrac{2}{3} =$

(3)　　$\dfrac{1}{4} + \dfrac{3}{4} + \dfrac{1}{4} + \dfrac{1}{4} =$

(4)　　$\dfrac{3}{4} + \dfrac{3}{4} + \dfrac{3}{4} + \dfrac{3}{4} =$

(5)　　$\dfrac{1}{5} + \dfrac{2}{5} + \dfrac{3}{5} + \dfrac{4}{5} =$

(6)　　$\dfrac{4}{5} + \dfrac{4}{5} + \dfrac{4}{5} + \dfrac{4}{5} =$

(7)　　$\dfrac{3}{5} + \dfrac{2}{5} + \dfrac{3}{5} + \dfrac{4}{5} =$

(8) $\dfrac{5}{6} + \dfrac{1}{6} + \dfrac{5}{6} + \dfrac{5}{6} =$

(9) $\dfrac{4}{7} + \dfrac{6}{7} + \dfrac{5}{7} + \dfrac{2}{7} =$

(10) $\dfrac{6}{7} + \dfrac{6}{7} + \dfrac{6}{7} + \dfrac{6}{7} =$

(11) $\dfrac{3}{8} + \dfrac{5}{8} + \dfrac{7}{8} + \dfrac{7}{8} =$

(12) $\dfrac{4}{9} + \dfrac{2}{9} + \dfrac{5}{9} + \dfrac{8}{9} =$

(13) $\dfrac{8}{9} + \dfrac{8}{9} + \dfrac{7}{9} + \dfrac{5}{9} =$

(14) $\dfrac{3}{11} + \dfrac{5}{11} + \dfrac{1}{11} + \dfrac{1}{11} =$

● 표준완성시간 : 3~4분

평 가	아주 잘함	잘함	보통	부족함
오답쉬	1	2~3	4~6	7~

이름 :

날짜 :   월   일

시간 :   :   ~   :

● 분수의 덧셈 ④

♣ 덧셈을 하여라.

(1) $2\dfrac{3}{5} + 3\dfrac{4}{5} = (2+3) + \left(\dfrac{3}{5} + \dfrac{4}{5} \right)$

$= \boxed{5} + \boxed{\dfrac{7}{5}}$

$= 5 + 1\dfrac{2}{5} = 6\dfrac{\boxed{2}}{5}$

(2) $3\dfrac{4}{7} + 5\dfrac{6}{7} = (3+5) + \left(\dfrac{4}{7} + \dfrac{6}{7} \right)$

$= \boxed{8} + \boxed{\dfrac{10}{7}}$

$= \boxed{8} + 1\dfrac{\boxed{3}}{7} = \boxed{9}\dfrac{\boxed{3}}{7}$

(3) $1\dfrac{2}{3} + 1\dfrac{1}{3} + 2\dfrac{2}{3} = (1+1+2) + \left(\dfrac{2}{3} + \dfrac{1}{3} + \dfrac{2}{3} \right)$

$= 4 + \dfrac{\boxed{5}}{3} = 4 + 1\dfrac{\boxed{2}}{3} = 5\dfrac{\boxed{2}}{3}$

(4) $1\dfrac{3}{4} + 2\dfrac{1}{4} + 5\dfrac{3}{4} = (1+2+5) + (\dfrac{3}{4} + \dfrac{1}{4} + \dfrac{3}{4})$

$= 8 + \dfrac{\boxed{}}{4} = 8 + 1\dfrac{\boxed{}}{4} = 9\dfrac{\boxed{}}{4}$

(5) $5 + \dfrac{4}{7} = 5\dfrac{\boxed{}}{7}$

(6) $5 + 4\dfrac{5}{6} = \boxed{}\dfrac{5}{6}$

(7) $4\dfrac{3}{5} + 2\dfrac{1}{5} = \boxed{}\dfrac{\boxed{}}{5}$

(8) $3\dfrac{5}{7} + 2\dfrac{6}{7} = 5\dfrac{\boxed{}}{7} = \boxed{}$

(9) $3\dfrac{7}{9} + 1\dfrac{8}{9} =$

(10) $\dfrac{2}{3} + 4\dfrac{2}{3} =$

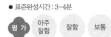

● 표준완성시간 : 3~4분

평 가	아주 잘함	잘함	보통	부족함
오답수	1	2~3	4~6	7~

이름 :

날짜 :　　　　월　　　　일

시간 :　　：　　～　　：

● 분수의 덧셈 ⑤

♣ 덧셈을 하여라.

(1) $2\dfrac{2}{9} + \dfrac{8}{9} = 2\dfrac{\boxed{}}{9} = \boxed{}$

(2) $2\dfrac{3}{8} + 1\dfrac{5}{8} =$

(3) $3\dfrac{4}{5} + 4\dfrac{3}{5} =$

(4) $5\dfrac{3}{4} + \dfrac{3}{4} =$

(5) $4 + \dfrac{4}{7} + \dfrac{5}{7} =$

(6) $2\dfrac{4}{5} + 1\dfrac{2}{5} + 3\dfrac{3}{5} = \boxed{}\dfrac{\boxed{}}{5} = \boxed{}$

(7) $1\dfrac{2}{3} + 1\dfrac{2}{3} + 1\dfrac{2}{3} =$

(8) $2\dfrac{3}{4} + \dfrac{1}{4} + \dfrac{3}{4} =$

(9) $2\dfrac{7}{8} + 1\dfrac{5}{8} + 2\dfrac{3}{8} =$

(10) $\dfrac{7}{10} + 2\dfrac{3}{10} + 1\dfrac{9}{10} + 3 =$

(11) $5 + 2\dfrac{5}{6} + 1\dfrac{1}{6} + 2\dfrac{1}{6} =$

(12) $\dfrac{4}{11} + \dfrac{8}{11} + \dfrac{5}{11} + 2 =$

(13) $3\dfrac{2}{5} + 2\dfrac{3}{5} + 3 + 4\dfrac{4}{5} =$

(14) $\dfrac{9}{10} + 2\dfrac{7}{10} + 2\dfrac{1}{10} + 4 =$

● 표준완성시간 : 3~4분

평 가 | 아주 잘함 | 잘함 | 보통 | 부족함

오답수 | 1 | 2~3 | 4~6 | 7~

이름 :

날짜 :   월   일

시간 :   :   ~   :

291a

● 분수의 뺄셈 ①

♣ 뺄셈을 하여라.

(1) $\dfrac{2}{3} - \dfrac{1}{3} = \dfrac{\boxed{}}{3}$

(2) $\dfrac{3}{4} - \dfrac{1}{4} =$

(3) $\dfrac{4}{5} - \dfrac{2}{5} =$

(4) $\dfrac{5}{6} - \dfrac{1}{6} =$

(5) $\dfrac{4}{7} - \dfrac{3}{7} =$

(6) $\dfrac{7}{8} - \dfrac{7}{8} =$

(7) $\dfrac{8}{9} - \dfrac{4}{9} =$

(8) $\quad 2\dfrac{2}{5} - \dfrac{2}{5} =$

(9) $\quad 3\dfrac{3}{5} - 3\dfrac{1}{5} =$

(10) $\quad 4\dfrac{5}{6} - 1\dfrac{1}{6} =$

(11) $\quad 6\dfrac{4}{5} - 3 =$

(12) $\quad 7\dfrac{5}{6} - 4 =$

(13) $\quad 4\dfrac{5}{7} - 2\dfrac{3}{7} =$

(14) $\quad 6\dfrac{4}{9} - \dfrac{4}{9} =$

● 표준완성시간 : 3~4분

평가	아주 잘함	잘함	보통	부족함
오답수	1	2~3	4~6	7~

이름 :

날짜 :   월   일

시간 :   :   ~   :

● 분수의 뺄셈 ②

♣ 뺄셈을 하여라.

(1) $\dfrac{6}{7} - \dfrac{4}{7} =$

(2) $\dfrac{8}{9} - \dfrac{4}{9} =$

(3) $\dfrac{7}{9} - \dfrac{5}{9} =$

(4) $5\dfrac{2}{3} - 2\dfrac{1}{3} =$

(5) $5\dfrac{5}{6} - 2\dfrac{1}{6} =$

(6) $7\dfrac{5}{9} - 7\dfrac{3}{9} =$

(7) $13\dfrac{1}{4} - 10 =$

(8) $\quad 2\dfrac{3}{7} - \dfrac{3}{7} =$

(9) $\quad 6\dfrac{3}{4} - \dfrac{3}{4} =$

(10) $\quad 8\dfrac{5}{9} - 4\dfrac{4}{9} =$

(11) $\quad 2\dfrac{6}{7} - 1\dfrac{4}{7} =$

(12) $\quad 9\dfrac{7}{10} - 4\dfrac{7}{10} =$

(13) $\quad 10\dfrac{9}{10} - 5\dfrac{3}{10} =$

(14) $\quad 6\dfrac{4}{7} - \dfrac{4}{7} =$

● 표준완성시간 : 3~4분

평 가	아주 잘함	잘함	보통	부족함
오답수	1	2~3	4~6	7~

이름 :

날짜 :   월   일

시간 :   :   ~   :

● 분수의 뺄셈 ③

♣ 뺄셈을 하여라.

(1) $1 - \dfrac{3}{4} =$

(2) $1 - \dfrac{2}{5} =$

(3) $1 - \dfrac{4}{5} =$

(4) $1 - \dfrac{2}{7} =$

(5) $2 - \dfrac{2}{5} =$

(6) $3 - \dfrac{5}{9} =$

(7) $7 - \dfrac{3}{10}$

(8) $\quad 6 - 1\dfrac{5}{9} =$

(9) $\quad 7 - 3\dfrac{2}{3} =$

(10) $\quad 10 - 1\dfrac{4}{9} =$

(11) $\quad 5 - 3\dfrac{2}{5} =$

(12) $\quad 8 - 5\dfrac{3}{7} =$

(13) $\quad 6 - 2\dfrac{5}{6} =$

(14) $\quad 5 - 1\dfrac{7}{10} =$

기초 탄탄

294a

● 표준완성시간 : 3~4분

평 가 | 아주 잘함 | 잘함 | 보통 | 부족함
오답수 | 1 | 2~3 | 4~6 | 7~

이름 :
날짜 :   월   일
시간 :   :   ~   :

● 분수의 뺄셈 ④

♣ 뺄셈을 하여라.

(1) $8 - 5\dfrac{4}{5} =$

(2) $9 - 4\dfrac{5}{6} =$

(3) $4\dfrac{1}{4} - \dfrac{3}{4} =$

(4) $4\dfrac{2}{13} - \dfrac{2}{13} =$

(5) $7\dfrac{5}{6} - 4 =$

(6) $6\dfrac{4}{9} - \dfrac{5}{9} =$

(7) $6\dfrac{3}{10} - 1\dfrac{7}{10} =$

(8) $\quad 9\dfrac{3}{7} - \dfrac{5}{7} =$

(9) $\quad 9 - 5\dfrac{3}{8} =$

(10) $\quad 7\dfrac{7}{9} - \dfrac{5}{9} =$

(11) $\quad 8 - 4\dfrac{2}{7} =$

(12) $\quad 10 - 5\dfrac{3}{4} =$

(13) $\quad 7\dfrac{1}{4} - 5\dfrac{3}{4} =$

(14) $\quad 15 - 4\dfrac{7}{15} =$

● 표준완성시간 : 3~4분

평 가	아주 잘함	잘함	보통	부족함
오답수	1	2~3	4~6	7~

이름 :

날짜 :　　　　월　　　일

시간 :　　:　　～　　:

295a

● 분수의 뺄셈 ⑤

♣ 뺄셈을 하여라.

(1)　　$3\dfrac{1}{9} = 2\dfrac{\boxed{}}{9}$,　　$3\dfrac{2}{9} = 2\dfrac{\boxed{}}{9}$

(2)　　$3\dfrac{1}{9} - \dfrac{5}{9} =$

(3)　　$3\dfrac{2}{9} - \dfrac{5}{9} =$

(4)　　$3\dfrac{4}{9} - \dfrac{5}{9} =$

(5)　　$3\dfrac{2}{9} - \dfrac{7}{9} =$

(6)　　$6\dfrac{4}{9} - \dfrac{7}{9} =$

(7)　　$3\dfrac{5}{9} - \dfrac{7}{9} =$

295b

(8) $7\dfrac{1}{9} = 6\dfrac{\square}{9}$, $7\dfrac{2}{9} = 6\dfrac{\square}{9}$

(9) $7\dfrac{2}{9} - \dfrac{5}{9} =$

(10) $7\dfrac{4}{9} - \dfrac{5}{9} =$

(11) $7\dfrac{2}{9} - \dfrac{7}{9} =$

(12) $7\dfrac{4}{9} - \dfrac{7}{9} =$

(13) $7\dfrac{5}{9} - \dfrac{7}{9} =$

(14) $7\dfrac{4}{9} - \dfrac{8}{9} =$

● 표준완성시간 : 3~4분

평가	아주 잘함	잘함	보통	부족함
오답수	1	2~3	4~6	7~

이름 :

날짜 :   월   일

시간 :   :   ~   :

296a

● 분수의 뺄셈 ⑥

♣ 뺄셈을 하여라.

(1) $1\dfrac{2}{5} - \dfrac{4}{5} = \dfrac{7}{5} - \dfrac{4}{5} = \boxed{}$

(2) $1\dfrac{1}{6} - \dfrac{5}{6} = \dfrac{\boxed{}}{6} - \dfrac{5}{6} = \boxed{}$

(3) $1\dfrac{1}{4} - \dfrac{3}{4} =$

(4) $1\dfrac{1}{7} - \dfrac{2}{7} =$

(5) $1\dfrac{2}{7} - \dfrac{3}{7} =$

(6) $1\dfrac{1}{8} - \dfrac{5}{8} =$

(7) $1\dfrac{3}{8} - \dfrac{7}{8} =$

(8) $\quad 1\dfrac{4}{9} - \dfrac{8}{9} =$

(9) $\quad 3\dfrac{1}{5} - 1\dfrac{2}{5} = 2\dfrac{\boxed{}}{5} - 1\dfrac{2}{5} = \boxed{}$

(10) $\quad 4\dfrac{1}{6} - 1\dfrac{5}{6} =$

(11) $\quad 5\dfrac{1}{7} - 1\dfrac{4}{7} =$

(12) $\quad 4\dfrac{3}{7} - 2\dfrac{6}{7} =$

(13) $\quad 6\dfrac{1}{5} - 3\dfrac{3}{5} =$

(14) $\quad 3\dfrac{3}{7} - 1\dfrac{4}{7} =$

기초 탄탄

H 기탄수학

297a

● 표준완성시간 : 3~4분

평가	아주 잘함	잘함	보통	부족함
오답수	1	2~3	4~6	7~

이름 :

날짜 :   월   일

시간 :   :   ~   :

● 분수의 뺄셈 ⑦

♣ 뺄셈을 하여라.

(1) $4\dfrac{1}{5} - 1\dfrac{4}{5} = 3\dfrac{\square}{5} - 1\dfrac{4}{5} = \boxed{}$

(2) $3\dfrac{1}{3} - \dfrac{2}{3} =$

(3) $4\dfrac{5}{7} - 2\dfrac{6}{7} =$

(4) $6\dfrac{1}{8} - \dfrac{7}{8} =$

(5) $4\dfrac{1}{6} - 2\dfrac{5}{6} =$

(6) $2\dfrac{4}{8} - \dfrac{7}{8} =$

(7) $12\dfrac{4}{9} - 3\dfrac{8}{9} =$

(8) $7\dfrac{4}{9} - 2\dfrac{7}{9} =$

(9) $9 - 5\dfrac{3}{8} =$

(10) $7 - \dfrac{3}{8} =$

(11) $7\dfrac{3}{8} - \dfrac{3}{8} =$

(12) $8\dfrac{3}{8} - 3\dfrac{5}{8} =$

(13) $8\dfrac{3}{8} - 1\dfrac{5}{8} =$

(14) $9\dfrac{3}{8} - 6\dfrac{7}{8} =$

● 표준완성시간 : 3~4분

평 가	아주 잘함	잘함	보통	부족함
오답쉬	1	2~3	4~6	7~

이름 :

날짜 :   월   일

시간 :   :   ~   :

298a

● 분수의 뺄셈 ⑧

♣ 뺄셈을 하여라.

(1) $10\dfrac{3}{10} - 5\dfrac{9}{10} =$

(2) $7\dfrac{2}{9} - 1\dfrac{5}{9} =$

(3) $5\dfrac{3}{4} - 1\dfrac{3}{4} =$

(4) $10\dfrac{5}{8} - 2\dfrac{7}{8} =$

(5) $5\dfrac{4}{9} - 1\dfrac{5}{9} =$

(6) $8 - 5\dfrac{7}{8} =$

(7) $10 - 5\dfrac{3}{4} =$

(8) $3\dfrac{2}{9} - 1\dfrac{5}{9} =$

(9) $3\dfrac{5}{7} - 1\dfrac{2}{7} =$

(10) $5\dfrac{1}{4} - 1\dfrac{3}{4} =$

(11) $7 - 4\dfrac{6}{7} =$

(12) $4\dfrac{2}{3} - 2\dfrac{1}{3} =$

(13) $5\dfrac{2}{5} - 3\dfrac{4}{5} =$

(14) $3\dfrac{1}{4} - 1\dfrac{3}{4} =$

● 표준완성시간 : 3~4분

평 가	아주 잘함	잘함	보통	부족함
오답수	1	2~3	4~6	7~

이름 :

날짜 :   월   일

시간 :   :   ~   :

● **분수의 덧셈과 뺄셈 ①**

♣ 셈을 하여라.

(1) $1\dfrac{4}{9} + \left(1\dfrac{4}{9} - \dfrac{1}{9}\right) = 1\dfrac{4}{9} + 1\dfrac{\square}{9} = \boxed{}$

(2) $1\dfrac{4}{9} + \left(1\dfrac{4}{9} - \dfrac{5}{9}\right) = 1\dfrac{4}{9} + \dfrac{\square}{9} =$

$1\dfrac{\square}{9} = 2\dfrac{\square}{9} = \boxed{}$

(3) $1\dfrac{5}{9} + \left(2\dfrac{4}{9} - \dfrac{2}{9}\right) =$

(4) $1\dfrac{7}{9} + \left(2\dfrac{1}{9} - 1\dfrac{2}{9}\right) =$

(5) $2\dfrac{4}{9} - \left(1\dfrac{5}{9} - \dfrac{2}{9}\right) =$

(6) $2\dfrac{4}{9} - \left(1\dfrac{4}{9} - \dfrac{5}{9}\right) =$

(7) $2\dfrac{7}{9} - \left(2\dfrac{1}{9} - \dfrac{4}{9}\right) =$

(8) $\quad 6\dfrac{2}{7} - \left(3\dfrac{4}{7} - 2\dfrac{5}{7} \right) =$

(9) $\quad 4\dfrac{1}{8} - \left(2\dfrac{5}{8} - 1\dfrac{7}{8} \right) =$

(10) $\quad 5\dfrac{1}{4} - \left(1\dfrac{1}{4} - \dfrac{3}{4} \right) =$

(11) $\quad 4 - \left(3\dfrac{2}{7} - 1\dfrac{5}{7} \right) =$

(12) $\quad 9 - \left(3\dfrac{3}{8} - 1\dfrac{5}{8} \right) =$

(13) $\quad 2\dfrac{5}{6} - \left(3\dfrac{1}{6} - \dfrac{5}{6} \right) =$

(14) $\quad 5\dfrac{3}{7} - \left(3\dfrac{2}{7} - 2\dfrac{3}{7} \right) =$

기초 탄탄

300a

● 표준완성시간 : 3~4분

평 가	아주 잘함	잘함	보통	부족함
오답수	1	2~3	4~6	7~

이름 :

날짜 :　　　　월　　　일

시간 :　　:　　~　　:

● 분수의 덧셈과 뺄셈 ②

♣ 셈을 하여라.

(1) $\dfrac{5}{9} + \dfrac{1}{9} - \dfrac{4}{9} =$

(2) $\dfrac{4}{9} - \dfrac{2}{9} + \dfrac{5}{9} =$

(3) $\dfrac{7}{9} - \dfrac{5}{9} - \dfrac{1}{9} =$

(4) $1 - \dfrac{5}{9} - \dfrac{2}{9} =$

(5) $1\dfrac{1}{9} - \dfrac{5}{9} - \dfrac{2}{9} =$

(6) $1\dfrac{2}{9} - \dfrac{5}{9} + \dfrac{2}{9} =$

(7) $1 - \dfrac{8}{9} + \dfrac{4}{9} =$

(8) $\quad 2\dfrac{5}{9} - 1\dfrac{2}{9} - \dfrac{1}{9} =$

(9) $\quad 4\dfrac{4}{9} - 1\dfrac{5}{9} + \dfrac{2}{9} =$

(10) $\quad 8 - \dfrac{5}{9} + \dfrac{4}{9} =$

(11) $\quad 7 - \dfrac{7}{9} - \dfrac{5}{9} =$

(12) $\quad 5\dfrac{1}{9} + 1\dfrac{2}{9} - 4\dfrac{1}{9} =$

(13) $\quad 4\dfrac{5}{7} - 2\dfrac{3}{7} + \dfrac{5}{7} =$

(14) $\quad 9 - \dfrac{4}{7} - \dfrac{5}{7} =$

H단계 교재를 모두 다 끝낸 후 실시해 주세요.

종료 테스트

60문항 / 표준완성시간 20분

● 종료 테스트 실시 목적

① 그동안 학습해 온 H단계 교재 전과정을 어느 정도 습득했는지를 확인, 다음 단계로 나갈 수 있는 능력을 길렀는지의 여부를 판단하는 자료로 활용합니다.

② 현재 학습한 교재에서 학습자의 부족한 부분을 분석, 결손 부분을 보완하고 지도 점검의 자료로 활용합니다.

③ 즐겁고 자신있게 풀 수 있도록 동기를 부여하고 자극을 주는 데 평가의 목적이 있습니다.

● 실시 방법

① 먼저 이름, 실시 연월일, 시작 시각과 끝낸 시각을 쓰고 시간을 정확히 재면서 문제를 풀게 합니다.

② 가능하면 표준완성시간 내에 풀게 해 주십시오.

만약, 시간 내에 풀지 못하면 시간 내에 푼 데까지 표시해 놓고 그대로 다 풀 때까지 계속해 주십시오.

이 때 문제를 다 푼 시간을 앞면의 소요 시간 란에 써 주십시오.

③ 시간이 남더라도 검토는 마십시오.

④ 채점은 어머니께서 직접 해 주시되, '영역별로 정답 수'를 기록해 주십시오.

원(교)　　　반　이름

■실시 연월일 :　　년　월　일　■소요 시간 :　　시　분 ~　시　분(　/20분)

※ 어머니께서 감독해 주십시오.

(1)
```
      2 7
 ×    3 7
 ─────────
```

(4)
```
    2 0 7
 ×     9 5
 ─────────
```

(7)
```
    2 4 5
 ×     7 2
 ─────────
```

(2)
```
      4 8
 ×    5 6
 ─────────
```

(5)
```
    4 6 5
 ×     7 8
 ─────────
```

(8)
```
    3 4 5
 ×     4 9
 ─────────
```

(3)
```
      7 8
 ×    8 2
 ─────────
```

(6)
```
    3 9 5
 ×     8 2
 ─────────
```

(9)
```
    4 0 3
 ×     7 3
 ─────────
```

(10)

$$8 \overline{)293}$$

(13)

$$81 \overline{)5147}$$

(16)

$$392 \overline{)4278}$$

(11)

$$52 \overline{)498}$$

(14)

$$67 \overline{)4382}$$

(17)

$$213 \overline{)4219}$$

(12)

$$41 \overline{)4700}$$

(15)

$$35 \overline{)4937}$$

(18)

$$129 \overline{)3427}$$

♣ 가분수를 대분수 또는 자연수로 고쳐라.

(19) $480 \div 20 =$

(20) $720 \div 30 =$

(21) $3000 \div 20 =$

(22) $4900 \div 70 =$

(23) $450 \times 50 =$

(24) $800 \times 30 =$

(25) $760 \times 800 =$

(26) $70 \times 70 =$

(27) $\dfrac{13}{5} =$

(28) $\dfrac{18}{2} =$

(29) $\dfrac{27}{4} =$

(30) $\dfrac{51}{7} =$

(31) $\dfrac{28}{5} =$

(32) $\dfrac{105}{12} =$

(33) $\dfrac{121}{14} =$

(34) $\dfrac{75}{22} =$

(35) $11\dfrac{2}{5} =$

(36) $3\dfrac{1}{7} =$

(37) $8\dfrac{2}{9} =$

(38) $5\dfrac{1}{6} =$

(39) $10\dfrac{7}{8} =$

(40) $2\dfrac{1}{3} =$

(41) $4\dfrac{5}{7} =$

(42) $7\dfrac{3}{7} =$

(43) $\dfrac{18}{45} =$

(44) $\dfrac{32}{56} =$

(45) $\dfrac{10}{30} =$

(46) $\dfrac{15}{60} =$

(47) $\dfrac{9}{18} =$

(48) $\dfrac{14}{42} =$

(49) $\dfrac{44}{55} =$

(50) $\dfrac{28}{42} =$

(51) $\dfrac{3}{5} + \dfrac{2}{5} =$

(52) $\dfrac{1}{8} + \dfrac{5}{8} =$

(53) $\dfrac{7}{9} + \dfrac{5}{9} =$

(54) $\dfrac{7}{9} + \dfrac{8}{9} + \dfrac{1}{9} =$

(55) $\dfrac{3}{10} + \dfrac{5}{10} + \dfrac{1}{10} =$

(56) $\dfrac{3}{4} - \dfrac{1}{4} =$

(57) $4\dfrac{5}{7} - 2\dfrac{3}{7} =$

(58) $10\dfrac{9}{10} - 5\dfrac{3}{10} =$

(59) $9\dfrac{4}{7} - \dfrac{5}{7} =$

(60) $5 - \dfrac{1}{8} + 1\dfrac{3}{8} + 3\dfrac{5}{8} =$

H단계 교재 종료 테스트 결과표

구 분	성취도 테스트 결과			
정답 수	60~54	53~42	41~30	29~
소요 시간	14분 이내	20분 이내	22분 이내	27분 이상
성 취 도	A	B	C	D

※ 점수별 등급에 V표 하세요.

●점수별 등급

☐ **A등급 – 아주 잘함**
현재 아주 잘하고 있습니다.
학습 능력이 아주 충분하니,
다음 단계인 I1집 교재를 바로 시작하세요.

☐ **B등급 – 잘함**
현재 잘하고 있으니, 더욱 빠른 시간 내에
정답을 구할 수 있도록 격려해 주세요.
학습 능력이 충분하니, 다음 단계인 I1집 교재를
바로 시작하세요.

☐ **C등급 – 보통**
학습 능력이 보통으로, 다음 단계인 I1집 교재를
시작하기에는 능력이 약간 부족합니다.
H단계의 교재 중에서 자신 있게 풀 수 있는 부분의
교재부터 한번 더 복습해 주세요.

☐ **D등급 – 부족**
학습 능력이 많이 부족합니다. 지금까지의 학습 방법,
태도 및 학습 내용을 점검해 보시고, 너무 무리한
단계부터 시작하지 않았는지 확인해 보세요.
아이가 자신 있게 표준완성시간 내에 100점을
맞을 수 있는 교재부터 연습해 주세요.

■ 이름:

■ 소요 시간: / 20분(표준완성시간)

■ 정답 수 :   / 60문항

H - 241

① $\dfrac{1}{2}$　② $\dfrac{1}{3}$　③ $\dfrac{1}{4}$　④ $\dfrac{1}{5}$　⑤ $\dfrac{1}{6}$　⑥ $\dfrac{3}{4}$

⑦ $\dfrac{2}{5}$　⑧ $\dfrac{3}{5}$　⑨ $\dfrac{4}{5}$　⑩ $\dfrac{1}{6}$　⑪ $\dfrac{1}{7}$　⑫ $\dfrac{7}{7}$

⑬ $\dfrac{3}{7}$　⑭ $\dfrac{4}{7}$　⑮ $\dfrac{5}{7}$　⑯ $\dfrac{1}{8}$　⑰ $\dfrac{3}{8}$　⑱ $\dfrac{6}{7}$

⑲ $\dfrac{1}{9}$　⑳ $\dfrac{5}{8}$　㉑ $\dfrac{7}{8}$　㉒ $\dfrac{2}{9}$　㉓ $\dfrac{5}{9}$　㉔ $\dfrac{1}{10}$

㉕ $\dfrac{3}{10}$　㉖ $\dfrac{7}{10}$　㉗ $\dfrac{4}{9}$　㉘ $\dfrac{9}{10}$

H - 242

① $\dfrac{2}{3}$　② $\dfrac{1}{2}$　③ 1　④ $\dfrac{1}{3}$　⑤ $\dfrac{1}{4}$　⑥ $\dfrac{2}{7}$

⑦ $\dfrac{3}{4}$　⑧ $\dfrac{1}{5}$　⑨ $\dfrac{2}{5}$　⑩ $\dfrac{3}{5}$　⑪ $\dfrac{4}{5}$　⑫ $\dfrac{6}{7}$

⑬ $\dfrac{5}{6}$　⑭ $\dfrac{4}{7}$　⑮ $\dfrac{5}{7}$　⑯ $\dfrac{6}{7}$　⑰ $\dfrac{5}{6}$　⑱ $\dfrac{1}{8}$

⑲ $\dfrac{3}{8}$　⑳ $\dfrac{5}{8}$　㉑ $\dfrac{7}{8}$　㉒ $\dfrac{1}{7}$　㉓ $\dfrac{7}{8}$　㉔ $\dfrac{4}{9}$

㉕ $\dfrac{5}{9}$　㉖ $\dfrac{7}{9}$　㉗ $\dfrac{8}{9}$　㉘ $\dfrac{1}{10}$

H - 243

① $\dfrac{1}{2}$　② $\dfrac{1}{5}$　③ $\dfrac{1}{3}$　④ $\dfrac{1}{6}$　⑤ $\dfrac{1}{9}$　⑥ $\dfrac{5}{6}$

⑦ $\dfrac{2}{3}$　⑧ $\dfrac{2}{7}$　⑨ $\dfrac{2}{9}$　⑩ $\dfrac{5}{6}$　⑪ $\dfrac{3}{6}$　⑫ $\dfrac{6}{6}$

⑬ $\dfrac{3}{4}$　⑭ $\dfrac{4}{7}$　⑮ $\dfrac{1}{5}$　⑯ $\dfrac{6}{7}$　⑰ $\dfrac{3}{4}$　⑱ $\dfrac{7}{8}$

⑲ $\dfrac{3}{5}$　⑳ $\dfrac{1}{7}$　㉑ $\dfrac{5}{3}$　㉒ $\dfrac{7}{9}$　㉓ $\dfrac{1}{6}$　㉔ $\dfrac{8}{7}$

㉕ $\dfrac{3}{5}$　㉖ $\dfrac{4}{7}$　㉗ $\dfrac{1}{3}$　㉘ $\dfrac{7}{8}$　㉙ $\dfrac{2}{5}$　㉚ $\dfrac{3}{7}$

㉛ $\dfrac{1}{4}$　㉜ $\dfrac{1}{9}$

H - 244

① $\dfrac{1}{3}$　② $\dfrac{2}{5}$　③ $\dfrac{1}{2}$　④ $\dfrac{5}{6}$　⑤ $\dfrac{3}{7}$　⑥ $\dfrac{2}{3}$

⑦ $\dfrac{5}{8}$　⑧ $\dfrac{5}{9}$　⑨ $\dfrac{1}{10}$　⑩ $\dfrac{7}{10}$　⑪ $\dfrac{3}{4}$　⑫ $\dfrac{7}{12}$

⑬ $\dfrac{1}{5}$　⑭ $\dfrac{2}{5}$　⑮ $\dfrac{2}{5}$　⑯ $\dfrac{4}{5}$　⑰ $\dfrac{5}{6}$　⑱ $\dfrac{7}{15}$

⑲ $\dfrac{7}{17}$　⑳ $\dfrac{7}{7}$　㉑ $\dfrac{3}{8}$　㉒ $\dfrac{7}{7}$　㉓ $\dfrac{7}{7}$　㉔ $\dfrac{4}{19}$

㉕ $\dfrac{10}{19}$　㉖ $\dfrac{1}{8}$　㉗ $\dfrac{3}{8}$　㉘ $\dfrac{5}{8}$　㉙ $\dfrac{7}{8}$　㉚ $\dfrac{10}{21}$

㉛ $\dfrac{1}{6}$　㉜ $\dfrac{3}{7}$

H - 245

① $\dfrac{1}{2}$　② $\dfrac{2}{3}$　③ $\dfrac{1}{2}$　④ $\dfrac{3}{4}$　⑤ $\dfrac{1}{3}$　⑥ $\dfrac{3}{5}$

⑦ $\dfrac{1}{6}$　⑧ $\dfrac{1}{4}$　⑨ $\dfrac{3}{4}$　⑩ $\dfrac{2}{7}$　⑪ $\dfrac{4}{7}$　⑫ $\dfrac{5}{7}$

⑬ $\dfrac{5}{8}$　⑭ $\dfrac{1}{5}$　⑮ $\dfrac{5}{6}$　⑯ $\dfrac{7}{9}$　⑰ $\dfrac{7}{9}$　⑱ $\dfrac{3}{5}$

⑲ $\dfrac{1}{2}$　⑳ $\dfrac{5}{7}$　㉑ $\dfrac{5}{6}$　㉒ $\dfrac{1}{3}$　㉓ $\dfrac{2}{3}$　㉔ $\dfrac{5}{11}$

㉕ $\dfrac{1}{4}$　㉖ $\dfrac{3}{4}$　㉗ $\dfrac{7}{15}$　㉘ $\dfrac{2}{5}$　㉙ $\dfrac{4}{5}$　㉚ $\dfrac{3}{7}$

㉛ $\dfrac{3}{7}$　㉜ $\dfrac{10}{21}$

H - 246

① $\dfrac{3}{4}$　② $\dfrac{1}{2}$　③ $\dfrac{1}{5}$　④ $\dfrac{2}{7}$　⑤ $\dfrac{1}{3}$　⑥ $\dfrac{5}{8}$

⑦ $\dfrac{7}{8}$　⑧ $\dfrac{4}{9}$　⑨ $\dfrac{5}{9}$　⑩ $\dfrac{1}{4}$　⑪ $\dfrac{3}{4}$　⑫ $\dfrac{1}{5}$

⑬ $\dfrac{2}{5}$　⑭ $\dfrac{3}{5}$　⑮ $\dfrac{3}{5}$　⑯ $\dfrac{5}{6}$　⑰ $\dfrac{3}{7}$　⑱ $\dfrac{2}{5}$

⑲ $\dfrac{2}{3}$　⑳ $\dfrac{3}{4}$　㉑ $\dfrac{1}{3}$　㉒ $\dfrac{1}{4}$　㉓ $\dfrac{3}{4}$　㉔ $\dfrac{2}{5}$

㉕ $\dfrac{3}{7}$　㉖ $\dfrac{4}{7}$　㉗ $\dfrac{3}{5}$　㉘ $\dfrac{3}{8}$　㉙ $\dfrac{5}{6}$　㉚ $\dfrac{5}{7}$

㉛ $\dfrac{1}{2}$　㉜ $\dfrac{1}{5}$

H - 247

① $\dfrac{1}{3}$　② $\dfrac{3}{4}$　③ $\dfrac{1}{2}$　④ $\dfrac{2}{3}$　⑤ $\dfrac{5}{6}$　⑥ $\dfrac{2}{3}$

⑦ $\dfrac{6}{7}$　⑧ $\dfrac{6}{11}$　⑨ $\dfrac{7}{8}$　⑩ $\dfrac{3}{5}$　⑪ $\dfrac{7}{9}$　⑫ $\dfrac{5}{9}$

⑬ $\dfrac{1}{4}$　⑭ $\dfrac{5}{6}$　⑮ $\dfrac{7}{16}$　⑯ $\dfrac{8}{11}$　⑰ $\dfrac{8}{17}$　⑱ $\dfrac{9}{17}$

⑲ $\dfrac{4}{7}$　⑳ $\dfrac{11}{5}$　㉑ $\dfrac{11}{18}$　㉒ $\dfrac{12}{19}$　㉓ $\dfrac{7}{13}$　㉔ $\dfrac{5}{8}$

㉕ $\dfrac{1}{6}$　㉖ $\dfrac{5}{6}$　㉗ $\dfrac{9}{22}$　㉘ $\dfrac{4}{9}$　㉙ $\dfrac{5}{9}$　㉚ $\dfrac{2}{7}$

㉛ $\dfrac{3}{5}$　㉜ $\dfrac{3}{4}$

H - 248

① $\dfrac{1}{3}$　② $\dfrac{1}{2}$　③ $\dfrac{1}{4}$　④ $\dfrac{3}{4}$　⑤ $\dfrac{1}{3}$　⑥ $\dfrac{2}{3}$

(7) $\frac{1}{2}$ (8) $\frac{3}{5}$ (9) $\frac{1}{4}$ (10) $\frac{2}{3}$ (11) $\frac{1}{2}$ (12) $\frac{2}{2}$

(13) $\frac{1}{2}$ (14) $\frac{1}{2}$ (15) $\frac{1}{5}$ (16) $\frac{2}{5}$ (17) $\frac{3}{5}$ (18) $\frac{1}{8}$

(19) $\frac{4}{7}$ (20) $\frac{5}{9}$ (21) $\frac{3}{7}$ (22) $\frac{4}{5}$ (23) $\frac{7}{13}$ (24) $\frac{11}{2}$

(25) $\frac{3}{4}$ (26) $\frac{2}{5}$ (27) $\frac{3}{8}$ (28) $\frac{5}{6}$ (29) $\frac{1}{2}$ (30) $\frac{2}{3}$

(31) $\frac{3}{4}$ (32) $\frac{2}{3}$

H - 249

(1) $\frac{4}{5}$ (2) $\frac{1}{3}$ (3) $\frac{1}{2}$ (4) $\frac{2}{3}$ (5) $\frac{3}{4}$ (6) $\frac{1}{3}$

(7) $\frac{2}{3}$ (8) $\frac{2}{7}$ (9) $\frac{4}{7}$ (10) $\frac{5}{7}$ (11) $\frac{1}{3}$ (12) $\frac{1}{2}$

(13) $\frac{4}{5}$ (14) $\frac{1}{2}$ (15) $\frac{1}{8}$ (16) $\frac{3}{8}$ (17) $\frac{1}{8}$ (18) $\frac{1}{2}$

(19) $\frac{3}{4}$ (20) $\frac{8}{9}$ (21) $\frac{1}{4}$ (22) $\frac{3}{4}$ (23) $\frac{2}{3}$ (24) $\frac{3}{4}$

(25) $\frac{1}{6}$ (26) $\frac{3}{7}$ (27) $\frac{3}{5}$ (28) $\frac{3}{8}$ (29) $\frac{1}{6}$ (30) $\frac{1}{4}$

(31) $\frac{7}{11}$ (32) $\frac{5}{8}$

H - 250

(1) $\frac{4}{5}$ (2) $\frac{4}{9}$ (3) $\frac{1}{4}$ (4) $\frac{1}{2}$ (5) $\frac{9}{17}$ (6) $\frac{12}{19}$

(7) $\frac{7}{13}$ (8) $\frac{11}{13}$ (9) $\frac{5}{8}$ (10) $\frac{5}{6}$ (11) $\frac{9}{22}$ (12) $\frac{4}{5}$

(13) $\frac{3}{23}$ (14) $\frac{6}{23}$ (15) $\frac{6}{7}$ (16) $\frac{2}{3}$ (17) $\frac{4}{5}$ (18) $\frac{5}{6}$

(19) $\frac{3}{7}$ (20) $\frac{4}{5}$ (21) $\frac{1}{4}$ (22) $\frac{3}{4}$ (23) $\frac{5}{7}$ (24) $\frac{6}{8}$

(25) $\frac{2}{5}$ (26) $\frac{9}{13}$ (27) $\frac{4}{7}$ (28) $\frac{7}{10}$ (29) $\frac{7}{11}$ (30) $\frac{8}{17}$

(31) $\frac{4}{5}$ (32) $\frac{5}{6}$

H - 251

(1) $\frac{12}{19}$ (2) $\frac{9}{20}$ (3) $\frac{2}{3}$ (4) $\frac{9}{22}$ (5) $\frac{9}{23}$ (6) $\frac{1}{3}$

(7) $\frac{2}{7}$ (8) $\frac{3}{10}$ (9) $\frac{11}{15}$ (10) $\frac{1}{3}$ (11) $\frac{1}{2}$ (12) $\frac{1}{2}$

(13) $\frac{1}{4}$ (14) $\frac{1}{3}$ (15) $\frac{1}{2}$ (16) $\frac{3}{8}$ (17) $\frac{3}{7}$ (18) $\frac{1}{2}$

(19) $\frac{1}{5}$ (20) $\frac{1}{5}$ (21) $\frac{1}{3}$ (22) $\frac{2}{7}$ (23) $\frac{3}{10}$ (24) $\frac{11}{17}$

(25) $\frac{3}{13}$ (26) $\frac{2}{9}$ (27) $\frac{4}{11}$ (28) $\frac{1}{4}$ (29) $\frac{1}{4}$ (30) $\frac{2}{7}$

(31) $\frac{1}{4}$ (32) $\frac{5}{13}$

H - 252

(1) $\frac{4}{11}$ (2) $\frac{7}{17}$ (3) $\frac{1}{2}$ (4) $\frac{3}{4}$ (5) $\frac{3}{5}$ (6) $\frac{2}{3}$

(7) $\frac{3}{4}$ (8) $\frac{4}{9}$ (9) $\frac{7}{10}$ (10) $\frac{9}{11}$ (11) $\frac{2}{17}$ (12) $\frac{4}{7}$

(13) $\frac{2}{3}$ (14) $\frac{11}{19}$ (15) $\frac{2}{5}$ (16) $\frac{1}{4}$ (17) $\frac{2}{11}$ (18) $\frac{2}{3}$

(19) $\frac{5}{12}$ (20) $\frac{7}{13}$ (21) $\frac{4}{13}$ (22) $\frac{5}{19}$ (23) $\frac{11}{19}$ (24) $\frac{3}{10}$

(25) $\frac{5}{3}$ (26) $\frac{7}{16}$ (27) $\frac{7}{13}$ (28) $\frac{5}{11}$ (29) $\frac{4}{5}$ (30) $\frac{5}{6}$

(31) $\frac{7}{9}$ (32) $\frac{11}{15}$

H - 253

(1) $\frac{5}{8}$ (2) $\frac{3}{4}$ (3) $\frac{4}{13}$ (4) $\frac{3}{5}$ (5) $\frac{1}{2}$ (6) $\frac{4}{11}$

(7) $\frac{3}{8}$ (8) $\frac{5}{10}$ (9) $\frac{8}{13}$ (10) $\frac{7}{11}$ (11) $\frac{2}{3}$ (12) $\frac{1}{19}$

(13) $\frac{2}{5}$ (14) $\frac{5}{7}$ (15) $\frac{1}{2}$ (16) $\frac{7}{13}$ (17) $\frac{3}{7}$ (18) $\frac{3}{5}$

(19) $\frac{3}{5}$ (20) $\frac{1}{2}$ (21) $\frac{2}{3}$ (22) $\frac{7}{15}$ (23) $\frac{2}{7}$ (24) $\frac{4}{5}$

(25) $\frac{3}{4}$ (26) $\frac{2}{11}$ (27) $\frac{4}{5}$ (28) $\frac{5}{6}$ (29) $\frac{7}{10}$ (30) $\frac{2}{3}$

(31) $\frac{5}{11}$ (32) $\frac{3}{7}$

H - 254

(1) $\frac{3}{5}$ (2) $\frac{1}{2}$ (3) $\frac{1}{4}$ (4) $\frac{1}{7}$ (5) $\frac{3}{4}$ (6) $\frac{5}{19}$

(7) $\frac{3}{5}$ (8) $\frac{11}{15}$ (9) $\frac{5}{7}$ (10) $\frac{2}{3}$ (11) $\frac{1}{2}$ (12) $\frac{4}{9}$

(13) $\frac{2}{5}$ (14) $\frac{11}{12}$ (15) $\frac{5}{7}$ (16) $\frac{1}{2}$ (17) $\frac{3}{5}$ (18) $\frac{3}{5}$

(19) $\frac{1}{2}$ (20) $\frac{4}{5}$ (21) $\frac{9}{11}$ (22) $\frac{5}{11}$ (23) $\frac{5}{6}$ (24) $\frac{8}{15}$

(25) $\frac{7}{11}$ (26) $\frac{7}{12}$ (27) $\frac{1}{2}$ (28) $\frac{1}{3}$ (29) $\frac{2}{3}$ (30) $\frac{1}{4}$

(31) $\frac{3}{4}$ (32) $\frac{3}{11}$

H - 255

(1) $\frac{1}{2}$ (2) $\frac{2}{5}$ (3) $\frac{7}{10}$ (4) $\frac{2}{3}$ (5) $\frac{5}{16}$ (6) $\frac{13}{33}$

(7) $\frac{1}{2}$ (8) $\frac{1}{2}$ (9) $\frac{1}{3}$ (10) $\frac{2}{3}$ (11) $\frac{1}{3}$ (12) $\frac{2}{3}$

⑬ $\dfrac{1}{4}$ ⑭ $\dfrac{1}{2}$ ⑮ $\dfrac{3}{4}$ ⑯ $\dfrac{1}{4}$ ⑰ $\dfrac{1}{2}$ ⑱ $\dfrac{13}{14}$

⑲ $\dfrac{1}{5}$ ⑳ $\dfrac{2}{5}$ ㉑ $\dfrac{3}{5}$ ㉒ $\dfrac{4}{5}$ ㉓ $\dfrac{1}{5}$ ㉔ $\dfrac{13}{30}$

㉕ $\dfrac{13}{22}$ ㉖ $\dfrac{13}{16}$ ㉗ $\dfrac{1}{2}$ ㉘ $\dfrac{2}{3}$ ㉙ $\dfrac{5}{6}$ ㉚ $\dfrac{1}{6}$

㉛ $\dfrac{1}{3}$ ㉜ $\dfrac{1}{2}$

H - 256

(a) ① 떨어진다 ② 약수 ③ 3, 9
④ 4, 8 ⑤ 3, 6 ⑥ 최대공약수 ⑦ 6

(b) ① 6, $\dfrac{3}{4}$ ② 2, $\dfrac{3}{4}$ ③ 4, $\dfrac{1}{3}$ ④ 7, $\dfrac{1}{2}$
⑤ 10, $\dfrac{1}{2}$ ⑥ 15, $\dfrac{1}{2}$ ⑦ 4, $\dfrac{3}{8}$ ⑧ 5, $\dfrac{3}{7}$

H - 257

① 4, $\dfrac{2}{5}$ ② 6, $\dfrac{1}{3}$ ③ 4, $\dfrac{1}{3}$ ④ 8, $\dfrac{1}{2}$
⑤ 6, $\dfrac{3}{4}$ ⑥ 4, $\dfrac{3}{4}$ ⑦ 8, $\dfrac{2}{3}$ ⑧ 4, $\dfrac{2}{3}$
⑨ 4, $\dfrac{3}{5}$ ⑩ 4, $\dfrac{4}{5}$ ⑪ 8, $\dfrac{4}{7}$ ⑫ 8, $\dfrac{2}{5}$
⑬ 16, $\dfrac{1}{2}$ ⑭ 8, $\dfrac{4}{5}$ ⑮ 16, $\dfrac{1}{3}$ ⑯ 16, $\dfrac{2}{5}$
⑰ 16, $\dfrac{1}{5}$ ⑱ 14, $\dfrac{2}{3}$

H - 258

① 15, $\dfrac{1}{5}$ ② 7, $\dfrac{2}{3}$ ③ 14, $\dfrac{3}{5}$ ④ 15, $\dfrac{2}{5}$
⑤ 7, $\dfrac{3}{4}$ ⑥ 28, $\dfrac{1}{2}$ ⑦ 21, $\dfrac{2}{3}$ ⑧ 7, $\dfrac{4}{9}$
⑨ 7, $\dfrac{3}{5}$ ⑩ 14, $\dfrac{3}{4}$ ⑪ 14, $\dfrac{2}{3}$ ⑫ 21, $\dfrac{1}{2}$
⑬ 28, $\dfrac{1}{3}$ ⑭ 9, $\dfrac{1}{3}$ ⑮ 9, $\dfrac{4}{9}$ ⑯ 18, $\dfrac{3}{4}$
⑰ 9, $\dfrac{2}{9}$ ⑱ 18, $\dfrac{1}{4}$

H - 259

① 27, $\dfrac{2}{3}$ ② 27, $\dfrac{1}{3}$ ③ 18, $\dfrac{2}{3}$ ④ 18, $\dfrac{1}{5}$
⑤ 12, $\dfrac{1}{3}$ ⑥ 24, $\dfrac{1}{3}$ ⑦ 12, $\dfrac{3}{7}$ ⑧ 12, $\dfrac{1}{4}$
⑨ 12, $\dfrac{2}{5}$ ⑩ 12, $\dfrac{1}{2}$ ⑪ 24, $\dfrac{1}{2}$ ⑫ 36, $\dfrac{1}{2}$
⑬ 24, $\dfrac{1}{4}$ ⑭ 12, $\dfrac{2}{3}$ ⑮ 23, $\dfrac{1}{2}$ ⑯ 46, $\dfrac{1}{2}$

⑰ 32, $\dfrac{1}{2}$ ⑱ 23, $\dfrac{1}{3}$

H - 260

① 7, $\dfrac{2}{7}$ ② 5, $\dfrac{3}{10}$ ③ 3, $\dfrac{11}{17}$ ④ 4, $\dfrac{3}{13}$
⑤ 5, $\dfrac{4}{11}$ ⑥ 14, $\dfrac{1}{4}$ ⑦ 15, $\dfrac{1}{4}$ ⑧ 9, $\dfrac{2}{7}$
⑨ 16, $\dfrac{1}{4}$ ⑩ 5, $\dfrac{5}{13}$ ⑪ 6, $\dfrac{4}{11}$ ⑫ 4, $\dfrac{7}{17}$
⑬ 3, $\dfrac{7}{23}$ ⑭ 2, $\dfrac{11}{19}$ ⑮ 8, $\dfrac{2}{5}$

H - 261

① 5, $\dfrac{9}{23}$ ② 46, $\dfrac{1}{3}$ ③ 23, $\dfrac{2}{3}$ ④ 32, $\dfrac{1}{3}$
⑤ 18, $\dfrac{1}{3}$ ⑥ 6, $\dfrac{8}{9}$ ⑦ 24, $\dfrac{1}{2}$ ⑧ 18, $\dfrac{1}{2}$
⑨ 30, $\dfrac{1}{2}$ ⑩ 24, $\dfrac{2}{3}$ ⑪ 6, $\dfrac{7}{8}$ ⑫ 12, $\dfrac{4}{5}$
⑬ 14, $\dfrac{1}{2}$ ⑭ 7, $\dfrac{2}{5}$ ⑮ 21, $\dfrac{1}{3}$ ⑯ 27, $\dfrac{1}{2}$
⑰ 16, $\dfrac{2}{3}$ ⑱ 4, $\dfrac{5}{12}$

H - 262

① 12, $\dfrac{2}{7}$ ② 35, $\dfrac{1}{2}$ ③ 8, $\dfrac{3}{7}$ ④ 18, $\dfrac{2}{3}$
⑤ 27, $\dfrac{1}{3}$ ⑥ 35, $\dfrac{1}{3}$ ⑦ 6, $\dfrac{1}{2}$ ⑧ 4, $\dfrac{4}{5}$
⑨ 6, $\dfrac{3}{4}$ ⑩ 10, $\dfrac{2}{3}$ ⑪ 15, $\dfrac{1}{2}$ ⑫ 12, $\dfrac{2}{3}$
⑬ 20, $\dfrac{1}{2}$ ⑭ 4, $\dfrac{7}{10}$ ⑮ 7, $\dfrac{4}{7}$ ⑯ 6, $\dfrac{6}{7}$
⑰ 15, $\dfrac{2}{3}$ ⑱ 18, $\dfrac{2}{3}$

H - 263

① $\dfrac{3}{5}$ ② $\dfrac{2}{11}$ ③ $\dfrac{7}{9}$ ④ $\dfrac{1}{2}$ ⑤ $\dfrac{13}{17}$ ⑥ $\dfrac{4}{5}$
⑦ $\dfrac{4}{5}$ ⑧ $\dfrac{13}{17}$ ⑨ $\dfrac{3}{4}$ ⑩ $\dfrac{1}{2}$ ⑪ $\dfrac{1}{3}$ ⑫ $\dfrac{3}{8}$
⑬ $\dfrac{2}{3}$ ⑭ $\dfrac{3}{4}$ ⑮ $\dfrac{4}{11}$ ⑯ $\dfrac{1}{2}$ ⑰ $\dfrac{3}{5}$ ⑱ $\dfrac{4}{11}$
⑲ $\dfrac{2}{17}$ ⑳ $\dfrac{1}{3}$ ㉑ $\dfrac{11}{19}$ ㉒ $\dfrac{1}{3}$ ㉓ $\dfrac{2}{8}$ ㉔ $\dfrac{2}{3}$
㉕ $\dfrac{1}{2}$ ㉖ $\dfrac{2}{8}$ ㉗ ㉘ $\dfrac{13}{14}$ ㉙ $\dfrac{3}{11}$ ㉚ $\dfrac{3}{7}$
㉛ $\dfrac{11}{19}$ ㉜ $\dfrac{2}{5}$

H - 264

① $\frac{2}{9}$	② $\frac{10}{13}$	③ $\frac{3}{11}$	④ $\frac{5}{8}$	⑤ $\frac{7}{8}$	⑥ $\frac{1}{2}$
⑦ $\frac{3}{5}$	⑧ $\frac{2}{3}$	⑨ $\frac{3}{4}$	⑩ $\frac{1}{2}$	⑪ $\frac{4}{5}$	⑫ $\frac{3}{4}$
⑬ $\frac{2}{3}$	⑭ $\frac{2}{3}$	⑮ $\frac{2}{5}$	⑯ $\frac{1}{3}$	⑰ $\frac{5}{8}$	⑱ $\frac{2}{3}$
⑲ $\frac{2}{5}$	⑳ $\frac{4}{13}$	㉑ $\frac{5}{3}$	㉒ $\frac{3}{4}$	㉓ $\frac{19}{13}$	㉔ $\frac{3}{5}$
㉕ $\frac{2}{7}$	㉖ $\frac{1}{3}$	㉗ $\frac{5}{11}$	㉘ $\frac{3}{10}$	㉙ $\frac{11}{13}$	㉚ $\frac{2}{3}$
㉛ $\frac{7}{10}$	㉜ $\frac{4}{7}$				

H - 265

① $\frac{2}{3}$	② $\frac{2}{5}$	③ $\frac{7}{10}$	④ $\frac{5}{11}$	⑤ $\frac{4}{5}$	⑥ $\frac{7}{9}$
⑦ $\frac{2}{3}$	⑧ $\frac{4}{5}$	⑨ $\frac{1}{3}$	⑩ $\frac{3}{4}$	⑪ $\frac{3}{4}$	⑫ $\frac{3}{5}$
⑬ $\frac{1}{3}$	⑭ $\frac{1}{2}$	⑮ $\frac{3}{7}$	⑯ $\frac{3}{4}$	⑰ $\frac{3}{4}$	⑱ $\frac{1}{2}$
⑲ $\frac{5}{6}$	⑳ $\frac{5}{7}$	㉑ $\frac{7}{18}$	㉒ $\frac{3}{11}$	㉓ $\frac{25}{26}$	㉔ $\frac{1}{2}$
㉕ $\frac{1}{2}$	㉖ $\frac{2}{3}$	㉗ $\frac{3}{4}$	㉘ $\frac{1}{2}$	㉙ $\frac{2}{3}$	㉚ $\frac{2}{3}$
㉛ $\frac{1}{4}$	㉜ $\frac{2}{3}$				

H - 266

① $\frac{1}{4}$	② $\frac{3}{4}$	③ $\frac{1}{5}$	④ $\frac{1}{2}$	⑤ $\frac{1}{2}$	⑥ $\frac{3}{4}$
⑦ $\frac{2}{5}$	⑧ $\frac{4}{5}$	⑨ $\frac{5}{7}$	⑩ $\frac{4}{7}$	⑪ $\frac{2}{3}$	⑫ $\frac{1}{2}$
⑬ $\frac{4}{7}$	⑭ $\frac{1}{3}$	⑮ $\frac{1}{2}$	⑯ $\frac{8}{9}$	⑰ $\frac{2}{3}$	⑱ $\frac{1}{2}$
⑲ $\frac{1}{3}$	⑳ $\frac{1}{8}$	㉑ $\frac{1}{2}$	㉒ $\frac{1}{2}$	㉓ $\frac{2}{3}$	㉔ $\frac{2}{4}$
㉕ $\frac{11}{12}$	㉖ $\frac{1}{4}$	㉗ $\frac{1}{2}$	㉘ $\frac{2}{5}$	㉙ $\frac{7}{10}$	㉚ $\frac{2}{3}$
㉛ $\frac{5}{16}$	㉜ $\frac{4}{5}$				

H - 267

① $\frac{2}{3}$	② $\frac{1}{4}$	③ $\frac{2}{5}$	④ $\frac{1}{2}$	⑤ $\frac{3}{4}$	⑥ $\frac{3}{5}$
⑦ $\frac{1}{3}$	⑧ $\frac{1}{5}$	⑨ $\frac{4}{5}$	⑩ $\frac{1}{6}$	⑪ $\frac{5}{6}$	⑫ $\frac{1}{2}$
⑬ $\frac{3}{4}$	⑭ $\frac{1}{7}$	⑮ $\frac{2}{3}$	⑯ $\frac{1}{5}$	⑰ $\frac{1}{3}$	⑱ $\frac{1}{4}$
⑲ $\frac{3}{5}$	⑳ $\frac{1}{6}$	㉑ $\frac{5}{6}$	㉒ $\frac{4}{7}$	㉓ $\frac{3}{7}$	㉔ $\frac{1}{2}$
㉕ $\frac{1}{4}$	㉖ $\frac{2}{5}$	㉗ $\frac{1}{3}$	㉘ $\frac{3}{4}$	㉙ $\frac{3}{5}$	㉚ $\frac{2}{3}$
㉛ $\frac{1}{5}$	㉜ $\frac{1}{2}$				

H - 268

① $\frac{1}{3}$	② $\frac{2}{3}$	③ $\frac{1}{5}$	④ $\frac{1}{2}$	⑤ $\frac{1}{4}$	⑥ $\frac{2}{5}$
⑦ $\frac{1}{3}$	⑧ $\frac{3}{4}$	⑨ $\frac{3}{5}$	⑩ $\frac{1}{4}$	⑪ $\frac{1}{5}$	⑫ $\frac{1}{5}$
⑬ $\frac{3}{5}$	⑭ $\frac{5}{6}$	⑮ $\frac{1}{5}$	⑯ $\frac{4}{5}$	⑰ $\frac{1}{7}$	⑱ $\frac{3}{5}$
⑲ $\frac{1}{6}$	⑳ $\frac{1}{7}$	㉑ $\frac{1}{7}$	㉒ $\frac{3}{7}$	㉓ $\frac{1}{7}$	㉔ $\frac{1}{4}$
㉕ $\frac{2}{5}$	㉖ $\frac{1}{3}$	㉗ $\frac{3}{4}$	㉘ $\frac{3}{5}$	㉙ $\frac{2}{3}$	㉚ $\frac{1}{5}$
㉛ $\frac{1}{3}$	㉜ $\frac{2}{3}$				

H - 269

① $\frac{4}{7}$	② $\frac{5}{8}$	③ $\frac{1}{3}$	④ $\frac{5}{7}$	⑤ $\frac{5}{8}$	⑥ $\frac{1}{5}$
⑦ $\frac{5}{7}$	⑧ $\frac{7}{10}$	⑨ $\frac{1}{5}$	⑩ $\frac{2}{5}$	⑪ $\frac{3}{5}$	⑫ $\frac{1}{6}$
⑬ $\frac{5}{7}$	⑭ $\frac{4}{5}$	⑮ $\frac{3}{7}$	⑯ $\frac{3}{5}$	⑰ $\frac{2}{7}$	⑱ $\frac{4}{7}$
⑲ $\frac{5}{7}$	⑳ $\frac{6}{8}$	㉑ $\frac{7}{8}$	㉒ $\frac{4}{5}$	㉓ $\frac{3}{5}$	㉔ $\frac{1}{5}$
㉕ $\frac{1}{2}$	㉖ $\frac{1}{8}$	㉗ $\frac{2}{5}$	㉘ $\frac{3}{4}$	㉙ $\frac{3}{4}$	㉚ $\frac{1}{2}$
㉛ $\frac{2}{3}$	㉜ $\frac{1}{2}$				

H - 270

① $\frac{1}{14}$	② $\frac{2}{5}$	③ $\frac{3}{7}$	④ $\frac{9}{16}$	⑤ $\frac{2}{3}$	⑥ $\frac{1}{3}$
⑦ $\frac{1}{4}$	⑧ $\frac{1}{8}$	⑨ $\frac{3}{5}$	⑩ $\frac{2}{5}$	⑪ $\frac{2}{5}$	⑫ $\frac{4}{7}$
⑬ $\frac{4}{5}$	⑭ $\frac{2}{7}$	⑮ $\frac{5}{7}$	⑯ $\frac{2}{7}$	⑰ $\frac{3}{7}$	⑱ $\frac{1}{7}$
⑲ $\frac{5}{7}$	⑳ $\frac{5}{8}$	㉑ $\frac{1}{2}$	㉒ $\frac{3}{4}$	㉓ $\frac{3}{4}$	㉔ $\frac{3}{2}$
㉕ $\frac{2}{3}$	㉖ $\frac{2}{5}$	㉗ $\frac{2}{3}$	㉘ $\frac{3}{4}$	㉙ $\frac{2}{5}$	㉚ $\frac{2}{5}$
㉛ $\frac{2}{5}$	㉜ $\frac{3}{5}$				

H - 271

① $\frac{2}{5}$ ② $\frac{3}{5}$ ③ $\frac{3}{5}$ ④ $\frac{6}{7}$ ⑤ $\frac{2}{3}$ ⑥ $\frac{2}{5}$
⑦ $\frac{3}{4}$ ⑧ $\frac{3}{5}$ ⑨ $\frac{3}{6}$ ⑩ $\frac{3}{7}$ ⑪ $\frac{3}{8}$ ⑫ $\frac{4}{5}$
⑬ $\frac{5}{8}$ ⑭ $\frac{4}{7}$ ⑮ $\frac{3}{8}$ ⑯ $\frac{3}{7}$ ⑰ $\frac{2}{9}$ ⑱ $\frac{5}{7}$
⑲ $\frac{5}{6}$ ⑳ $\frac{1}{4}$ ㉑ $\frac{1}{3}$ ㉒ $\frac{1}{4}$ ㉓ $\frac{1}{2}$ ㉔ $\frac{2}{3}$
㉕ $\frac{3}{4}$ ㉖ $\frac{1}{6}$ ㉗ $\frac{1}{8}$ ㉘ $\frac{1}{6}$ ㉙ $\frac{1}{4}$ ㉚ $\frac{2}{7}$
㉛ $\frac{1}{10}$ ㉜ $\frac{4}{7}$

H - 272

① $\frac{1}{5}$ ② $\frac{5}{7}$ ③ $\frac{3}{10}$ ④ $\frac{1}{6}$ ⑤ $\frac{1}{3}$ ⑥ $\frac{2}{3}$
⑦ $\frac{5}{6}$ ⑧ $\frac{1}{2}$ ⑨ $\frac{3}{8}$ ⑩ $\frac{3}{10}$ ⑪ $\frac{1}{4}$ ⑫ $\frac{7}{9}$
⑬ $\frac{7}{11}$ ⑭ $\frac{2}{7}$ ⑮ $\frac{7}{10}$ ⑯ $\frac{11}{13}$ ⑰ $\frac{13}{14}$ ⑱ $\frac{13}{20}$
⑲ $\frac{1}{6}$ ⑳ $\frac{1}{2}$ ㉑ $\frac{1}{3}$ ㉒ $\frac{1}{4}$ ㉓ $\frac{1}{3}$ ㉔ $\frac{3}{4}$
㉕ $\frac{1}{3}$ ㉖ $\frac{1}{4}$ ㉗ $\frac{1}{5}$ ㉘ $\frac{2}{5}$ ㉙ $\frac{3}{5}$ ㉚ $\frac{5}{6}$
㉛ $\frac{4}{5}$ ㉜ $\frac{2}{7}$

H - 273

① $\frac{1}{6}$ ② $\frac{3}{7}$ ③ $\frac{1}{2}$ ④ $\frac{1}{3}$ ⑤ $\frac{2}{3}$ ⑥ $\frac{1}{4}$
⑦ $\frac{3}{4}$ ⑧ $\frac{3}{5}$ ⑨ $\frac{2}{3}$ ⑩ $\frac{1}{5}$ ⑪ $\frac{1}{4}$ ⑫ $\frac{1}{4}$
⑬ $\frac{2}{5}$ ⑭ $\frac{1}{3}$ ⑮ $\frac{3}{4}$ ⑯ $\frac{1}{5}$ ⑰ $\frac{3}{5}$ ⑱ $\frac{2}{7}$
⑲ $\frac{2}{5}$ ⑳ $\frac{1}{2}$ ㉑ $\frac{2}{3}$ ㉒ $\frac{3}{5}$ ㉓ $\frac{3}{5}$ ㉔ $\frac{3}{4}$
㉕ $\frac{5}{6}$ ㉖ $\frac{1}{2}$ ㉗ $\frac{2}{3}$ ㉘ $\frac{3}{4}$ ㉙ $\frac{1}{4}$ ㉚ $\frac{4}{5}$
㉛ $\frac{1}{2}$ ㉜ $\frac{1}{3}$

H - 274

① $\frac{2}{3}$ ② $\frac{1}{2}$ ③ $\frac{1}{2}$ ④ $\frac{3}{4}$ ⑤ $\frac{1}{2}$ ⑥ $\frac{1}{3}$
⑦ $\frac{1}{3}$ ⑧ $\frac{1}{2}$ ⑨ $\frac{1}{2}$ ⑩ $\frac{2}{3}$ ⑪ $\frac{1}{3}$ ⑫ $\frac{1}{2}$
⑬ $\frac{3}{4}$ ⑭ $\frac{1}{4}$ ⑮ $\frac{1}{2}$ ⑯ $\frac{1}{4}$ ⑰ $\frac{1}{4}$ ⑱ $\frac{1}{3}$
⑲ $\frac{1}{2}$ ⑳ $\frac{3}{5}$ ㉑ $\frac{2}{3}$ ㉒ $\frac{3}{4}$ ㉓ $\frac{4}{5}$ ㉔ $\frac{1}{6}$
㉕ $\frac{1}{3}$ ㉖ $\frac{5}{7}$ ㉗ $\frac{2}{3}$ ㉘ $\frac{1}{4}$ ㉙ $\frac{3}{7}$ ㉚ $\frac{2}{5}$
㉛ $\frac{1}{3}$ ㉜ $\frac{1}{2}$

H - 275

① $\frac{6}{7}$ ② $\frac{3}{8}$ ③ $\frac{2}{3}$ ④ $\frac{1}{4}$ ⑤ $\frac{2}{3}$ ⑥ $\frac{1}{8}$
⑦ $\frac{1}{2}$ ⑧ $\frac{1}{2}$ ⑨ $\frac{1}{2}$ ⑩ $\frac{4}{7}$ ⑪ $\frac{1}{2}$ ⑫ $\frac{1}{4}$
⑬ $\frac{1}{3}$ ⑭ $\frac{1}{3}$ ⑮ $\frac{5}{7}$ ⑯ $\frac{1}{3}$ ⑰ $\frac{1}{4}$ ⑱ $\frac{1}{2}$
⑲ $\frac{1}{4}$ ⑳ $\frac{2}{3}$ ㉑ $\frac{1}{2}$ ㉒ $\frac{1}{2}$ ㉓ $\frac{3}{4}$ ㉔ $\frac{2}{3}$
㉕ $\frac{1}{4}$ ㉖ $\frac{1}{2}$ ㉗ $\frac{2}{5}$ ㉘ $\frac{2}{3}$ ㉙ $\frac{1}{2}$ ㉚ $\frac{1}{3}$
㉛ $\frac{1}{2}$ ㉜ $\frac{1}{3}$

H - 276

① $\frac{1}{10}$ ② $\frac{1}{2}$ ③ $\frac{2}{3}$ ④ $\frac{3}{4}$ ⑤ $\frac{1}{3}$ ⑥ $\frac{1}{4}$
⑦ $\frac{1}{4}$ ⑧ $\frac{1}{3}$ ⑨ $\frac{3}{5}$ ⑩ $\frac{1}{2}$ ⑪ $\frac{1}{3}$ ⑫ $\frac{1}{3}$
⑬ $\frac{1}{3}$ ⑭ $\frac{1}{2}$ ⑮ $\frac{1}{3}$ ⑯ $\frac{1}{2}$ ⑰ $\frac{1}{3}$ ⑱ $\frac{4}{9}$
⑲ $\frac{2}{9}$ ⑳ $\frac{1}{2}$ ㉑ $\frac{2}{3}$ ㉒ $\frac{1}{5}$ ㉓ $\frac{1}{4}$ ㉔ $\frac{1}{9}$
㉕ $\frac{2}{7}$ ㉖ $\frac{1}{6}$ ㉗ $\frac{1}{3}$ ㉘ $\frac{1}{3}$ ㉙ $\frac{2}{9}$ ㉚ $\frac{1}{10}$
㉛ $\frac{1}{6}$ ㉜ $\frac{1}{5}$

H - 277

① $\frac{1}{4}$ ② $\frac{1}{3}$ ③ $\frac{1}{2}$ ④ $\frac{1}{3}$ ⑤ $\frac{7}{15}$ ⑥ $\frac{7}{8}$
⑦ $\frac{8}{9}$ ⑧ $\frac{7}{19}$ ⑨ $\frac{2}{9}$ ⑩ $\frac{9}{10}$ ⑪ $\frac{2}{3}$ ⑫ $\frac{1}{6}$
⑬ $\frac{1}{2}$ ⑭ $\frac{2}{3}$ ⑮ $\frac{7}{9}$ ⑯ $\frac{1}{2}$ ⑰ $\frac{1}{3}$ ⑱ $\frac{13}{14}$
⑲ $\frac{7}{8}$ ⑳ $\frac{2}{3}$ ㉑ $\frac{1}{6}$ ㉒ $\frac{5}{6}$ ㉓ $\frac{1}{8}$ ㉔ $\frac{3}{19}$
㉕ $\frac{1}{4}$ ㉖ $\frac{7}{19}$ ㉗ $\frac{5}{6}$ ㉘ $\frac{1}{5}$ ㉙ $\frac{1}{4}$ ㉚ $\frac{3}{4}$
㉛ $\frac{3}{11}$ ㉜ $\frac{2}{7}$

H - 278

① $\frac{1}{3}$ ② $\frac{1}{2}$ ③ $\frac{1}{17}$ ④ $\frac{1}{14}$ ⑤ $\frac{1}{29}$ ⑥ $\frac{1}{4}$

⑦ $\frac{1}{11}$ ⑧ $\frac{1}{3}$ ⑨ $\frac{1}{13}$ ⑩ $\frac{3}{8}$ ⑪ $\frac{1}{5}$ ⑫ $\frac{2}{3}$

⑬ $\frac{2}{3}$ ⑭ $\frac{2}{7}$ ⑮ $\frac{4}{11}$ ⑯ $\frac{1}{4}$ ⑰ $\frac{2}{5}$ ⑱ $\frac{2}{17}$

⑲ $\frac{1}{3}$ ⑳ $\frac{1}{8}$ ㉑ $\frac{3}{7}$ ㉒ $\frac{11}{19}$ ㉓ $\frac{1}{13}$ ㉔ $\frac{1}{2}$

㉕ $\frac{1}{5}$ ㉖ $\frac{2}{11}$ ㉗ $\frac{2}{7}$ ㉘ $\frac{1}{4}$ ㉙ $\frac{4}{23}$ ㉚ $\frac{1}{7}$

㉛ $\frac{1}{4}$ ㉜ $\frac{3}{10}$

H - 279

① $\frac{3}{11}$ ② $\frac{3}{8}$ ③ $\frac{1}{3}$ ④ $\frac{11}{19}$ ⑤ $\frac{1}{2}$ ⑥ $\frac{2}{5}$

⑦ $\frac{1}{2}$ ⑧ $\frac{3}{4}$ ⑨ $\frac{1}{3}$ ⑩ $\frac{3}{4}$ ⑪ $\frac{2}{3}$ ⑫ $\frac{9}{16}$

⑬ $\frac{4}{13}$ ⑭ $\frac{4}{11}$ ⑮ $\frac{5}{12}$ ⑯ $\frac{2}{3}$ ⑰ $\frac{1}{19}$ ⑱ $\frac{4}{9}$

⑲ $\frac{3}{7}$ ⑳ $\frac{11}{17}$ ㉑ $\frac{8}{13}$ ㉒ $\frac{3}{8}$ ㉓ $\frac{1}{2}$ ㉔ $\frac{5}{13}$

㉕ $\frac{7}{17}$ ㉖ $\frac{3}{5}$ ㉗ $\frac{4}{5}$ ㉘ $\frac{1}{2}$ ㉙ $\frac{1}{10}$ ㉚ $\frac{1}{2}$

㉛ $\frac{1}{4}$ ㉜ $\frac{1}{3}$

H - 280

① $\frac{4}{7}$ ② $\frac{8}{17}$ ③ $\frac{1}{3}$ ④ $\frac{2}{13}$ ⑤ $\frac{5}{9}$ ⑥ $\frac{1}{4}$

⑦ $\frac{3}{5}$ ⑧ $\frac{3}{4}$ ⑨ $\frac{2}{3}$ ⑩ $\frac{1}{2}$ ⑪ $\frac{4}{7}$ ⑫ $\frac{2}{3}$

⑬ $\frac{2}{7}$ ⑭ $\frac{5}{11}$ ⑮ $\frac{1}{5}$ ⑯ $\frac{2}{3}$ ⑰ $\frac{5}{8}$ ⑱ $\frac{2}{3}$

⑲ $\frac{4}{5}$ ⑳ $\frac{3}{4}$ ㉑ $\frac{3}{5}$ ㉒ $\frac{1}{2}$ ㉓ $\frac{2}{3}$ ㉔ $\frac{7}{4}$

㉕ $\frac{2}{3}$ ㉖ $\frac{1}{2}$ ㉗ $\frac{11}{15}$ ㉘ $\frac{5}{7}$ ㉙ $\frac{6}{11}$ ㉚ $\frac{1}{4}$

㉛ $\frac{3}{4}$ ㉜ $\frac{4}{5}$

H - 281

① $\frac{3}{4}$ ② $\frac{1}{4}$ ③ $\frac{5}{7}$ ④ $\frac{1}{3}$ ⑤ $\frac{1}{2}$ ⑥ $\frac{2}{3}$

⑦ $\frac{5}{12}$ ⑧ $\frac{4}{9}$ ⑨ $\frac{5}{9}$ ⑩ $\frac{1}{4}$ ⑪ $\frac{4}{7}$ ⑫ $\frac{2}{7}$

⑬ $\frac{2}{3}$ ⑭ $\frac{2}{9}$ ⑮ $\frac{8}{9}$ ⑯ $\frac{1}{2}$ ⑰ $\frac{2}{5}$ ⑱ $\frac{5}{16}$

⑲ $\frac{4}{7}$ ⑳ $\frac{1}{6}$ ㉑ $\frac{3}{5}$ ㉒ $\frac{3}{4}$ ㉓ $\frac{4}{5}$ ㉔ $\frac{1}{2}$

㉕ $\frac{3}{5}$ ㉖ $\frac{2}{3}$ ㉗ $\frac{2}{5}$ ㉘ $\frac{2}{5}$ ㉙ $\frac{1}{7}$ ㉚ $\frac{5}{6}$

㉛ $\frac{6}{13}$ ㉜ $\frac{13}{17}$

H - 282

① $\frac{4}{5}$ ② $\frac{4}{7}$ ③ $\frac{1}{2}$ ④ $\frac{10}{11}$ ⑤ $\frac{1}{2}$ ⑥ $\frac{1}{2}$

⑦ $\frac{1}{2}$ ⑧ $\frac{2}{9}$ ⑨ $\frac{1}{13}$ ⑩ $\frac{2}{5}$ ⑪ $\frac{28}{31}$ ⑫ $\frac{2}{11}$

⑬ $\frac{1}{3}$ ⑭ $\frac{2}{3}$ ⑮ $\frac{8}{23}$ ⑯ $\frac{2}{5}$ ⑰ $\frac{2}{3}$ ⑱ $\frac{1}{2}$

⑲ $\frac{2}{3}$ ⑳ $\frac{3}{5}$ ㉑ $\frac{1}{3}$ ㉒ $\frac{10}{13}$ ㉓ $\frac{8}{11}$ ㉔ $\frac{1}{3}$

㉕ $\frac{3}{8}$ ㉖ $\frac{6}{7}$ ㉗ $\frac{2}{3}$ ㉘ $\frac{3}{11}$ ㉙ $\frac{1}{13}$ ㉚ $\frac{5}{19}$

㉛ $\frac{1}{3}$ ㉜ $\frac{1}{3}$

H - 283

① $\frac{1}{2}$ ② $\frac{1}{5}$ ③ $\frac{4}{5}$ ④ $\frac{1}{5}$ ⑤ $\frac{1}{4}$ ⑥ $\frac{5}{11}$

⑦ $\frac{1}{2}$ ⑧ $\frac{7}{10}$ ⑨ $\frac{3}{4}$ ⑩ $\frac{3}{4}$ ⑪ $\frac{1}{4}$ ⑫ $\frac{3}{4}$

⑬ $\frac{3}{4}$ ⑭ $\frac{2}{3}$ ⑮ $\frac{1}{3}$ ⑯ $\frac{11}{17}$ ⑰ $\frac{1}{2}$ ⑱ $\frac{1}{6}$

⑲ $\frac{1}{3}$ ⑳ $\frac{13}{14}$ ㉑ $\frac{1}{7}$ ㉒ $\frac{3}{2}$ ㉓ $\frac{2}{3}$ ㉔ $\frac{2}{3}$

㉕ $\frac{1}{2}$ ㉖ $\frac{7}{10}$ ㉗ $\frac{1}{2}$ ㉘ $\frac{1}{2}$ ㉙ $\frac{7}{34}$ ㉚ $\frac{1}{2}$

㉛ $\frac{1}{4}$ ㉜ $\frac{2}{5}$

H - 284

① $\frac{2}{3}$ ② $\frac{3}{4}$ ③ $\frac{2}{3}$ ④ $\frac{3}{4}$ ⑤ $\frac{1}{2}$ ⑥ $\frac{1}{3}$

⑦ $\frac{1}{2}$ ⑧ $\frac{9}{14}$ ⑨ $\frac{3}{5}$ ⑩ $\frac{1}{2}$ ⑪ $\frac{7}{13}$ ⑫ $\frac{1}{3}$

⑬ $\frac{13}{16}$ ⑭ $\frac{11}{12}$ ⑮ $\frac{4}{5}$ ⑯ $\frac{2}{5}$ ⑰ $\frac{2}{11}$ ⑱ $\frac{7}{2}$

⑲ $\frac{3}{4}$ ⑳ $\frac{5}{7}$ ㉑ $\frac{2}{5}$ ㉒ $\frac{2}{3}$ ㉓ $\frac{4}{5}$ ㉔ $\frac{7}{19}$

㉕ $\frac{1}{6}$ ㉖ $\frac{1}{2}$ ㉗ $\frac{1}{2}$ ㉘ $\frac{1}{4}$ ㉙ $\frac{8}{9}$ ㉚ $\frac{3}{10}$

㉛ $\frac{5}{7}$ ㉜ $\frac{1}{4}$

H - 285

① $\frac{9}{10}$ ② $\frac{2}{3}$ ③ $\frac{13}{16}$ ④ $\frac{1}{22}$ ⑤ $\frac{7}{9}$ ⑥ $\frac{4}{5}$

⑦ $\frac{3}{8}$ ⑧ $\frac{1}{6}$ ⑨ $\frac{1}{3}$ ⑩ $\frac{3}{4}$ ⑪ $\frac{1}{4}$ ⑫ $\frac{4}{9}$

⑬ $\frac{3}{4}$ ⑭ $\frac{1}{2}$ ⑮ $\frac{11}{14}$ ⑯ $\frac{1}{3}$ ⑰ $\frac{6}{11}$ ⑱ $\frac{1}{2}$

⑲ $\frac{5}{8}$ ⑳ $\frac{5}{6}$ ㉑ $\frac{2}{3}$ ㉒ $\frac{1}{2}$ ㉓ $\frac{3}{4}$ ㉔ $\frac{7}{10}$

㉕ $\frac{2}{3}$ ㉖ $\frac{5}{7}$ ㉗ $\frac{1}{2}$ ㉘ $\frac{4}{11}$ ㉙ $\frac{3}{4}$ ㉚ $\frac{1}{8}$

㉛ $\frac{4}{7}$ ㉜ $\frac{1}{8}$

H - 286

① 3, 3, 6, 2 ② 6, 5, 11, 4 ③ 1, 2, 3

④ 4, 5, 8, 17, 8 ⑤ $1\frac{1}{5}$ ⑥ $1\frac{2}{5}$

⑦ $\frac{5}{7}$ ⑧ $\frac{2}{3}$ ⑨ $\frac{3}{5}$ ⑩ $\frac{3}{7}$

⑪ $1\frac{1}{7}$ ⑫ $1\frac{1}{7}$ ⑬ $\frac{3}{4}$ ⑭ 1

H - 287

① $\frac{2}{3}$ ② $1\frac{2}{9}$ ③ 1 ④ $1\frac{2}{3}$

⑤ $\frac{4}{5}$ ⑥ $1\frac{3}{5}$ ⑦ $2\frac{2}{5}$ ⑧ $1\frac{1}{7}$

⑨ $1\frac{5}{7}$ ⑩ $1\frac{1}{8}$ ⑪ $1\frac{7}{8}$ ⑫ $2\frac{2}{9}$

⑬ $1\frac{7}{10}$ ⑭ $\frac{9}{10}$

H - 288

① 2 ② $2\frac{1}{3}$ ③ $1\frac{1}{2}$ ④ 3

⑤ 2 ⑥ $3\frac{1}{5}$ ⑦ $2\frac{2}{5}$ ⑧ $2\frac{2}{3}$

⑨ $2\frac{3}{7}$ ⑩ $3\frac{3}{7}$ ⑪ $2\frac{3}{4}$ ⑫ $2\frac{1}{9}$

⑬ $3\frac{1}{9}$ ⑭ $\frac{10}{11}$

H - 289

① 5, $\frac{7}{5}$, 2 ② 8, $\frac{10}{7}$, 8, 3, 9, 3 ③ 5, 2, 2

④ 7, 3, 3 ⑤ 4 ⑥ 9 ⑦ 6, 4

⑧ 11, $6\frac{4}{7}$ ⑨ $5\frac{2}{3}$ ⑩ $5\frac{1}{3}$

H - 290

① 10, $3\frac{1}{9}$ ② 4 ③ $8\frac{2}{5}$ ④ $6\frac{1}{2}$

⑤ $5\frac{2}{7}$ ⑥ 6, 9, $7\frac{4}{5}$ ⑦ 5 ⑧ $3\frac{3}{4}$

⑨ $6\frac{7}{10}$ ⑩ $7\frac{9}{10}$ ⑪ $11\frac{1}{6}$ ⑫ $3\frac{6}{11}$

⑬ $13\frac{4}{5}$ ⑭ $9\frac{7}{10}$

H - 291

① 1 ② $\frac{1}{2}$ ③ $\frac{2}{5}$ ④ $\frac{2}{3}$

⑤ $\frac{1}{7}$ ⑥ 0 ⑦ $\frac{4}{9}$ ⑧ 2

⑨ $\frac{2}{5}$ ⑩ $3\frac{2}{3}$ ⑪ $3\frac{4}{5}$ ⑫ $3\frac{5}{6}$

⑬ $2\frac{2}{7}$ ⑭ 6

H - 292

① $\frac{2}{7}$ ② $\frac{4}{9}$ ③ $\frac{2}{9}$ ④ $3\frac{1}{3}$

⑤ $3\frac{2}{3}$ ⑥ $\frac{2}{9}$ ⑦ $3\frac{1}{4}$ ⑧ 2

⑨ 6 ⑩ $4\frac{1}{9}$ ⑪ $1\frac{2}{7}$ ⑫ 5

⑬ $5\frac{3}{5}$ ⑭ 6

H - 293

① $\frac{1}{4}$ ② $\frac{3}{5}$ ③ $\frac{1}{5}$ ④ $\frac{5}{7}$

⑤ $1\frac{3}{5}$ ⑥ $2\frac{4}{9}$ ⑦ $6\frac{7}{10}$ ⑧ $4\frac{4}{9}$

⑨ $3\frac{1}{3}$ ⑩ $8\frac{5}{9}$ ⑪ $1\frac{3}{5}$ ⑫ $2\frac{4}{7}$

⑬ $3\frac{1}{6}$ ⑭ $3\frac{3}{10}$

H - 294

① $2\frac{1}{5}$ ② $4\frac{1}{6}$ ③ $3\frac{1}{2}$ ④ 4

⑤ $3\frac{5}{6}$ ⑥ $5\frac{8}{9}$ ⑦ $4\frac{3}{5}$ ⑧ $8\frac{5}{7}$

⑨ $3\frac{5}{8}$ ⑩ $7\frac{2}{9}$ ⑪ $3\frac{5}{7}$ ⑫ $4\frac{1}{4}$

⑬ $1\frac{1}{2}$ ⑭ $10\frac{8}{15}$

H - 295

① 10, 11 ② $2\frac{5}{9}$ ③ $2\frac{2}{3}$ ④ $2\frac{8}{9}$

⑤ $2\frac{4}{9}$ ⑥ $5\frac{2}{3}$ ⑦ $2\frac{7}{9}$ ⑧ 10, 11

⑨ $6\frac{2}{3}$ ⑩ $6\frac{8}{9}$ ⑪ $6\frac{4}{9}$ ⑫ $6\frac{2}{3}$

⑬ $6\frac{7}{9}$ ⑭ $6\frac{5}{9}$

H - 296

① $\frac{3}{5}$ ② 7, $\frac{1}{3}$ ③ $\frac{1}{2}$ ④ $\frac{6}{7}$

⑤ $\frac{6}{7}$ ⑥ $\frac{1}{2}$ ⑦ $\frac{1}{2}$ ⑧ $\frac{5}{9}$

⑨ 6, $1\frac{4}{5}$ ⑩ $2\frac{1}{3}$ ⑪ $3\frac{4}{7}$ ⑫ $1\frac{4}{7}$

⑬ $2\frac{3}{5}$ ⑭ $1\frac{6}{7}$

H - 297

① 6, $2\frac{2}{5}$ ② $2\frac{2}{3}$ ③ $1\frac{6}{7}$ ④ $5\frac{1}{4}$

⑤ $1\frac{1}{3}$ ⑥ $1\frac{5}{8}$ ⑦ $8\frac{5}{9}$ ⑧ $4\frac{2}{3}$

⑨ $3\frac{5}{8}$ ⑩ $6\frac{5}{8}$ ⑪ 7 ⑫ $4\frac{3}{4}$

⑬ $6\frac{3}{4}$ ⑭ $2\frac{1}{2}$

H - 298

① $4\frac{2}{5}$ ② $5\frac{2}{3}$ ③ 4 ④ $7\frac{3}{4}$

⑤ $3\frac{8}{9}$ ⑥ $2\frac{1}{8}$ ⑦ $4\frac{1}{4}$ ⑧ $1\frac{2}{3}$

⑨ $2\frac{3}{7}$ ⑩ $3\frac{1}{2}$ ⑪ $2\frac{1}{7}$ ⑫ $2\frac{1}{3}$

⑬ $1\frac{3}{5}$ ⑭ $1\frac{1}{2}$

H - 299

① 3, $2\frac{7}{9}$ ② 8, 12, 3, $2\frac{1}{3}$ ③ $3\frac{7}{9}$

④ $2\frac{2}{3}$ ⑤ $1\frac{1}{9}$ ⑥ $1\frac{5}{9}$ ⑦ $1\frac{1}{9}$

⑧ $5\frac{3}{7}$ ⑨ $3\frac{3}{8}$ ⑩ $4\frac{3}{4}$ ⑪ $2\frac{3}{7}$

⑫ $7\frac{1}{4}$ ⑬ $\frac{1}{2}$ ⑭ $4\frac{4}{7}$

H - 300

① $\frac{2}{9}$ ② $\frac{7}{9}$ ③ $\frac{1}{9}$ ④ $\frac{2}{9}$

⑤ $\frac{1}{3}$ ⑥ $\frac{8}{9}$ ⑦ $\frac{5}{9}$ ⑧ $1\frac{2}{9}$

⑨ $3\frac{1}{9}$ ⑩ $7\frac{8}{9}$ ⑪ $5\frac{2}{3}$ ⑫ $2\frac{2}{9}$

⑬ 3 ⑭ $7\frac{5}{7}$

종료 테스트 (정답)

(1) 999 (2) 2688 (3) 6396

(4) 19665 (5) 36270 (6) 32390

(7) 17640 (8) 16905 (9) 29419

(10) 36···5 (11) 9···30 (12) 114···26

(13) 63···44 (14) 65···27 (15) 141···2

(16) 10···358 (17) 19···172 (18) 26···73

(19) 24 (20) 24 (21) 150

(22) 70 (23) 22500 (24) 24000

(25) 608000 (26) 4900

(27) $2\frac{3}{5}$ (28) 9 (29) $6\frac{3}{4}$ (30) $7\frac{2}{7}$

(31) $5\frac{3}{5}$ (32) $8\frac{3}{4}$ (33) $8\frac{9}{14}$ (34) $3\frac{9}{22}$

(35) $\frac{57}{5}$ (36) $\frac{22}{7}$ (37) $\frac{74}{9}$ (38) $\frac{31}{6}$

(39) $\frac{87}{8}$ (40) $\frac{7}{3}$ (41) $\frac{33}{7}$ (42) $\frac{52}{7}$

(43) $\frac{2}{5}$ (44) $\frac{4}{7}$ (45) $\frac{1}{3}$ (46) $\frac{1}{4}$

(47) $\frac{1}{2}$ (48) $\frac{1}{3}$ (49) $\frac{4}{5}$ (50) $\frac{2}{3}$

(51) 1 (52) $\frac{3}{4}$ (53) $1\frac{1}{3}$ (54) $1\frac{7}{9}$

(55) $\frac{9}{10}$ (56) $\frac{1}{2}$ (57) $2\frac{2}{7}$ (58) $5\frac{3}{5}$

(59) $8\frac{6}{7}$ (60) $9\frac{7}{8}$

4분

실생활의 문제를 수학적으로 사고하여 해결할 수 있는

문장제 학습

수학의 기본인 연산 과정과 같이 매일 이 문장제 학습을 풀어 보세요. 수학적으로 사고하는 능력이 길러지고, 여러 가지 문제를 합리적으로 해결할 수 있을 것입니다. 수학에 대한 흥미와 관심 또한 자연스레 가지게 될 것입니다.

TRAINING

▶ H-5

기초 탄탄한 교육·기본 탄탄한 학습
G 기탄교육
www.gitan.co.kr / (02)586-1007(대)

① $\frac{3}{24}$ 을 오른쪽 그림에 나타내시오.

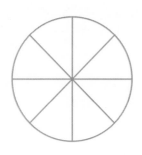

② $\frac{9}{12}$ 를 오른쪽 그림에 나타내시오.

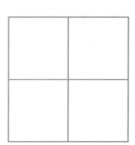

③ $\frac{8}{12}$ 을 오른쪽 그림에 나타내시오.

④ $\frac{15}{18}$ 를 오른쪽 그림에 나타내시오.

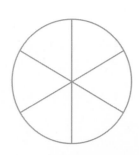

① 오른쪽 그림을 나타낼 수 있는 분수 중 분모
가 16인 분수는 무엇입니까?

답 _____

② 오른쪽 그림을 나타낼 수 있는 분수 중 분모
가 8인 분수는 무엇입니까?

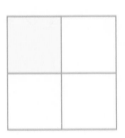

답 _____

③ 오른쪽 그림을 나타낼 수 있는 분수 중 분모
가 12인 분수는 무엇입니까?

답 _____

④ 오른쪽 그림을 나타낼 수 있는 분수 중 분자
가 9인 분수는 무엇입니까?

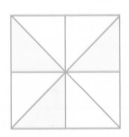

답 _____

❶ 닭 20마리에게 4kg의 사료를 똑같이 나누어 주려고 합니다. 닭 1마리가 먹을 수 있는 사료의 양을 약분하여 나타내시오.

답 _____ kg

❷ 14개의 접시에 58개의 귤을 똑같이 나누어 담고 있습니다. 접시 1개에 담을 수 있는 귤의 양을 약분하여 나타내시오.

답 _____ 개

❸ 1부터 9까지의 자연수를 사용하여 만들 수 있는 분수 중 분모가 3일 때, 자연수가 되는 경우를 모두 적으시오.(단, 분자는 한 자리 수입니다.)

답 _____

❹ 3부터 8까지의 자연수를 사용하여 만들 수 있는 분수 중 분모가 2일 때, 자연수가 되지 않는 경우를 모두 적으시오.(단, 분자는 한 자리 수입니다.)

답 _____

| 이름 | | 날짜 | 월   일 | 시간 | :   ~   : |

① 다음 중 2로 약분할 수 있는 분수를 모두 고르시오.

$$\frac{18}{21} \qquad \frac{1}{10} \qquad \frac{14}{28} \qquad \frac{3}{9} \qquad \frac{24}{32} \qquad \frac{12}{15} \qquad \frac{9}{21}$$

답 _____

② 다음 중 7로 약분할 수 있는 분수를 모두 고르시오.

$$\frac{14}{28} \qquad \frac{15}{40} \qquad \frac{7}{49} \qquad \frac{18}{81} \qquad \frac{18}{24} \qquad \frac{28}{35}$$

답 _____

③ 다음 중 5로 약분할 수 있는 분수를 모두 고르시오.

$$\frac{15}{25} \qquad \frac{2}{4} \qquad \frac{7}{49} \qquad \frac{12}{34} \qquad \frac{10}{30}$$

답 _____

④ 다음 중 2로 약분할 수 있는 분수를 모두 고르시오.

$$\frac{12}{24} \qquad \frac{17}{24} \qquad \frac{18}{21} \qquad \frac{7}{49} \qquad \frac{6}{36}$$

답 _____

❶ 서로 같은 분수를 연결하시오.

㉮ $\dfrac{15}{40}$ •

㉯ $\dfrac{35}{49}$ •

㉰ $\dfrac{24}{21}$ •

• ㉠ $\dfrac{8}{7}$

• ㉡ $\dfrac{5}{7}$

• ㉢ $\dfrac{3}{8}$

❷ 분모가 20인 분수 중 분자가 1부터 20까지의 자연수일 때, 약분이 되지 않는 분수를 모두 적으시오.

답 _____

❸ 분모가 21인 분수 중 분자가 1부터 21까지의 자연수일 때, 3으로 약분할 수 있는 경우의 분자의 값을 모두 적으시오.

답 _____

❹ 서로 같은 분수를 연결하시오.

㉮ $\dfrac{35}{42}$ •

㉯ $\dfrac{33}{39}$ •

㉰ $\dfrac{36}{48}$ •

• ㉠ $\dfrac{5}{6}$

• ㉡ $\dfrac{3}{4}$

• ㉢ $\dfrac{11}{13}$

❶ 분모가 3인 분수 중 $\dfrac{12}{18}$ 와 같은 분수는 무엇입니까?

답 _____

❷ 오렌지 주스 81L를 18명이 나누어 마셨습니다. 1사람이 몇 L를 마셨는지 약분하여 나타내시오.

답 _____ L

❸ 분모가 7인 분수 중 $\dfrac{30}{35}$ 과 같은 분수는 무엇입니까?

답 _____

❹ 밀가루 32g으로 떡 52개를 만들 수 있습니다. 떡 1개를 만드는 데 밀가루가 몇 g이 필요한지 약분하여 나타내시오.

답 _____ g

1 다음 수 중 약수가 가장 많은 수는 무엇입니까?

| 16 | 15 | 18 |

답 _____

2 36의 약수를 모두 더한 수는 무엇입니까?

식 _____   답 _____

3 16과 24의 공약수는 무엇입니까?

16의 약수 _____

24의 약수 _____

16과 24의 공약수 _____

4 48과 32의 공약수는 무엇입니까?

48의 약수 _____

32의 약수 _____

48과 32의 공약수 _____

❶ 다음은 최대공약수를 구하는 과정입니다. 다음 식을 통해 나오는 최대공약수를 구하시오.

$$7 \overline{\smash{)}\,\begin{array}{cc} 28 & 42 \end{array}}$$
$$\Box \overline{\smash{)}\,\begin{array}{cc} 4 & 6 \end{array}}$$
$$\begin{array}{cc} 2 & 3 \end{array}$$

답 _____

❷ $\dfrac{14}{36}$와 크기가 같은 분수 중 분모가 36보다 작은 수로 이루어진 분수를 쓰시오.

답 _____

❸ 다음은 최대공약수를 구하는 과정입니다. 다음 식을 통해 나오는 최대공약수를 구하시오.

$$3 \overline{\smash{)}\,\begin{array}{cc} 48 & 54 \end{array}}$$
$$\Box \overline{\smash{)}\,\begin{array}{cc} 16 & 18 \end{array}}$$
$$\begin{array}{cc} 8 & 9 \end{array}$$

답 _____

❹ $\dfrac{46}{138}$과 크기가 같은 분수 중에서 분모가 가장 작은 분수는 무엇입니까?

답 _____

이름		날짜	월 일	시간	: ~ :

❶ 다음 수들을 최대공약수를 이용하여 약분하였을 때, 분자의 크기가 가장 큰 분수는 무엇입니까?

$$\frac{24}{36} \qquad \frac{39}{78} \qquad \frac{48}{60}$$

답 _____

❷ 다음 분수를 최대공약수를 이용하여 약분할 때, 최대공약수가 가장 큰 분수는 무엇입니까?

$$\frac{24}{38} \qquad \frac{35}{45} \qquad \frac{14}{49} \qquad \frac{16}{56}$$

답 _____

❸ 분모와 분자의 최대공약수가 6이고 분모가 18일 때, 분자가 될 수 있는 수를 모두 적으시오.(단, 분자는 분모보다 작은 수이다.)

답 _____

❹ 다음 중 약분되지 않는 분수는 무엇입니까?(2개)

$$\frac{8}{22} \qquad \frac{27}{45} \qquad \frac{16}{21} \qquad \frac{25}{56}$$

답 _____

① $\frac{30}{42}$을 최대공약수로 약분한 수를 수직선에 나타내시오.

② $\frac{30}{48}$을 최대공약수로 약분한 수를 수직선에 나타내시오.

③ 38개의 화분에 물을 주고 있습니다. 물 18L를 똑같이 나누어 주었다면, 화분 1개에 준 물은 몇 L인지 기약분수로 나타내시오.

답 _____ L

④ 책 72권을 만드는 데 99g의 펄프가 필요합니다. 책 1권을 만드는데 펄프 몇 g이 필요한지 기약분수로 나타내시오.

답 _____ g

❶ 96병의 맥주를 만드는 데 알코올 36L가 필요합니다. 맥주 1병을 만드는 데 필요한 알코올은 몇 L인지 기약분수로 나타내시오.

답 _____ L

❷ 다음을 약분할 때, 최대공약수의 값이 가장 큰 분수를 찾으시오.

$$\frac{24}{86} \qquad \frac{63}{54} \qquad \frac{54}{28}$$

답 _____

❸ 장미꽃 향수 88mL를 만드는 데 장미 꽃잎 32장이 필요합니다. 장미꽃 향수 1mL를 만드는 데 꽃잎 몇 장이 필요한지 기약분수로 나타내시오.

답 _____ 장

❹ 값이 같은 분수끼리 연결하시오.

㉮ $\frac{24}{80}$ •   • ㉠ $\frac{3}{10}$

㉯ $\frac{36}{54}$ •   • ㉡ $\frac{1}{2}$

㉰ $\frac{18}{36}$ •   • ㉢ $\frac{2}{3}$

■채소밭에서 무 42개와 배추 72개를 뽑았습니다. 무와 배추를 섞어서 각각 같은 개수만큼 여러 상자에 남김없이 담으려고 합니다. 다음 물음에 답하시오.(1~2)

1 상자는 몇 개가 필요합니까?

식   답   개

2 1상자에 들어가는 무와 배추는 각각 몇 개입니까?

답 무   개, 배추   개

3 건초 86kg과 과일 72kg을 되도록 많은 코끼리에게 남김없이 같은 양으로 나누어 주려고 합니다. 몇 마리에게 나누어 줄 수 있습니까?

식   답   마리

4 도넛 64개와 우유 56개를 유치원생에게 골고루 나누어 주려고 합니다. 되도록 많은 아이들에게 남김없이 같은 수로 나누어 주려면 몇 명에게 나누어 줄 수 있습니까?

식   답   명

이름		날짜	월 일	시간	: ~ :

❶ 색칠한 부분을 기약분수로 나타내시오.

답 _____

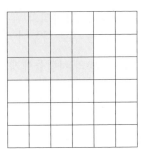

❷ 색칠한 부분을 기약분수로 나타내시오.

답 _____

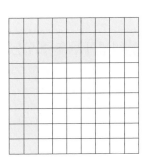

❸ 〈보기〉를 보고 규칙을 찾아 빈 곳에 알맞은 수를 써 넣으시오.

〈보기〉

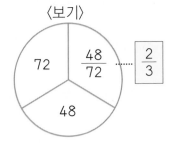

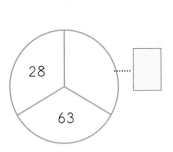

❹ $\frac{14}{49}$ 를 최대공약수로 약분한 수를 수직선에 나타내시오.

0   1

■오징어 81마리와 문어 63마리를 되도록 많은 사람들에게 남김없이 똑같은 수로 나누어 주려고 합니다. 다음 물음에 답하시오. (1~2)

1 몇 명의 사람들에게 나누어 줄 수 있습니까?

식 _____ 답 _____ 명

2 1명이 받을 수 있는 오징어와 문어는 각각 몇 마리입니까?

답 오징어 _____ 마리, 문어 _____ 마리

■선생님이 학생들에게 노트 28권과 지우개 64개를 많은 학생들에게 남김없이 똑같은 개수로 나누어 주려고 합니다. 다음 물음에 답하시오. (3~4)

3 몇 명의 학생들에게 나누어 줄 수 있습니까?

식 _____ 답 _____ 명

4 1명이 받을 수 있는 노트와 지우개의 수는 각각 얼마입니까?

답 노트 _____ 권, 지우개 _____ 개

㈜기탄교육

❶ 커피를 76잔 타는 데 크림이 36g 필요합니다. 커피를 1잔 타는 데 필요한 크림은 몇 g인지 기약분수로 나타내시오.

답 _____ g

❷ 포도 주스를 600L 만드는 데 포도가 50송이 필요합니다. 포도 주스를 1L 만드는 데 필요한 포도는 몇 송이인지 기약분수로 나타내시오.

답 _____ 송이

❸ 솜사탕을 72개 만드는 데 설탕을 56g 사용했습니다. 솜사탕을 1개 만드는 데 사용한 설탕의 양을 기약분수로 나타내시오.

답 _____ g

❹ 누에의 애벌레는 3주일 동안 명주실을 7m 뽑습니다. 애벌레가 하루에 명주실을 얼마나 뽑는지 기약분수로 나타내시오.

답 _____ m

❶ 용하는 1분에 96m를 걸어갈 수 있습니다. 항상 같은 속도로 걷는다면 용하는 1초에 몇 m를 걷는지 약분하여 나타내시오.

답 _____ m

❷ 공장에서 1일 동안 컴퓨터 56대를 조립한다고 합니다. 항상 같은 속도로 조립한다면 1시간에 몇 대를 조립하는지 약분하여 나타내시오.

답 _____ 대

❸ $\frac{42}{16}$ 를 다음 그림에 나타내시오.

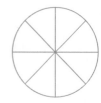 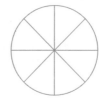 

❹ $\frac{63}{36}$ 을 다음 그림에 나타내시오.

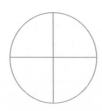 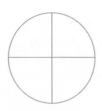

㈜기린교육

❶ 수아네 과수원에서 수확한 배 56개와 사과 72개를 많은 상자에 남김없이 같은 수로 담으려고 합니다. 상자는 몇 개 필요합니까?

식 _____ 답 _____ 개

❷ 지우개 48개와 연필 42자루를 되도록 많은 학생에게 남김없이 같은 수로 나누어 주려고 합니다. 몇 명에게 나누어 줄 수 있습니까?

식 _____ 답 _____ 명

❸ 〈보기〉를 보고 빈 칸을 채우시오.

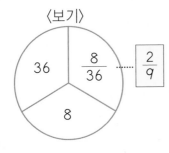
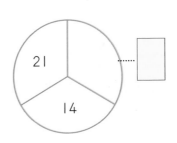

❹ 사탕 60개와 초콜릿 42개가 있습니다. 되도록 많은 아이들에게 남김없이 같은 개수로 나누어 주려고 합니다. 몇 명에게 나누어 줄 수 있습니까?

식 _____ 답 _____ 명

1 최대공약수를 구하는 식입니다. 틀린 부분을 찾아 바르게 고치시오.

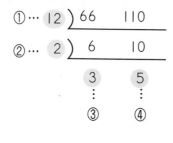

답 _____

■ 연필 54자루와 색연필 90자루를 되도록 많은 학생들에게 남김없이 똑같은 개수로 나누어 주려고 합니다. 다음 물음에 답하시오.(2~3)

2 몇 명의 아이들에게 나누어 줄 수 있습니까?

답 _____ 명

3 1명이 받는 연필과 색연필은 각각 몇 자루입니까?

답 연필 _____ 자루, 색연필 _____ 자루

4 애리는 구슬을 110개 가지고 있습니다. 그 중 40개를 동생에게 주었다면 동생에게 준 구슬은 주기 전의 애리의 구슬의 몇 분의 몇인지 기약분수로 나타내시오.

답 _____

❶ 봉지에 설탕 $\dfrac{9}{5}$g이 있습니다. 설탕 $\dfrac{11}{5}$g을 더하면 설탕은 모두 몇 g 입니까?

식 _____ 답 _____ g

❷ 다음을 계산하여 빈 칸을 채우고 그 결과를 그림에 나타내시오.

$\dfrac{2}{3} + \dfrac{2}{3} = \boxed{}$

❸ 다음을 계산하여 빈 칸을 채우고 그 결과를 그림에 나타내시오.

$\dfrac{5}{6} + \dfrac{4}{6} = \boxed{}$

❹ 다음을 계산하여 빈 칸을 채우고 그 결과를 그림에 나타내시오.

$\dfrac{1}{4} + \dfrac{5}{4} = \boxed{}$

❶ 집에서 학교까지의 거리는 몇 km입니까?

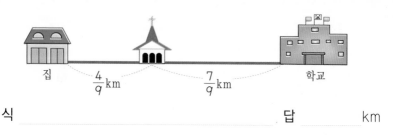

집 $\frac{4}{9}$ km $\frac{7}{9}$ km   학교

식 _____ 답 _____ km

❷ 선영이는 오늘 아침에 우유를 $\frac{1}{5}$ L, 점심에 $\frac{2}{5}$ L, 저녁에 $\frac{4}{5}$ L를 먹었습니다. 선영이는 오늘 하루 동안 우유를 몇 L 먹었습니까?

식 _____ 답 _____ L

❸ 참새는 아침에 $\frac{8}{3}$ 분 동안 지저귀고, 점심에 $\frac{11}{3}$ 분 동안, 저녁에 $\frac{7}{3}$ 분 동안 지저귀었습니다. 참새는 오늘 하루 몇 분 지저귀었습니까?

식 _____ 답 _____ 분

❹ 어머니께서 병헌이에게 빵 $3\frac{1}{2}$ 개를, 유선이에게 빵 $4\frac{1}{2}$ 개를 주셨습니다. 병헌이와 유선이의 빵을 더하면 몇 개입니까?

식 _____ 답 _____ 개

❶ 수정이의 가방은 $1\frac{1}{7}$kg이고, 정수의 가방은 $1\frac{3}{7}$kg입니다. 정수와 수정이의 가방의 무게를 더하면 몇 kg입니까?

식 _____ 답 _____ kg

❷ 오렌지 주스가 있습니다. 수아가 $\frac{4}{7}$L를 먹고 경호가 $\frac{5}{7}$L를 먹으니 3L가 남았습니다. 오렌지 주스는 원래 몇 L 있었습니까?

식 _____ 답 _____ L

❸ 쇳덩어리에서 $3\frac{1}{5}$kg을 잘라 스푼을 만들고 $4\frac{3}{5}$kg을 잘라 포크를 만들었습니다. 남은 쇳덩어리가 81kg이라면 원래 쇳덩어리는 몇 kg입니까?

식 _____ 답 _____ kg

❹ 오른쪽 도형의 둘레의 길이를 구하시오.

식 _____

답 _____ m

$\frac{6}{15}$ m

$\frac{4}{15}$ m

$1\frac{1}{15}$ m

$\frac{5}{15}$ m

2 m

 ㈜기린교육

22 4분 문장제 학습 H-5
표준완성시간 : 4분
● 정답 수 : [   ]

| 이름 | | 날짜 | 월   일 | 시간 | : ~ : |

❶ 수조에 물이 $\frac{3}{4}$L 있었습니다. 수조에서 $\frac{1}{4}$L를 떠내면 수조에 남은 물의 양은 몇 L입니까?

식 _____ 답 _____ L

❷ 정아는 리본끈을 $1\frac{6}{7}$m 가지고 있습니다. 친구에게 $\frac{4}{7}$m를 주었다면 남은 리본끈의 길이는 몇 m입니까?

식 _____ 답 _____ m

❸ 무게가 $1\frac{1}{7}$kg인 물체가 들어 있는 상자의 무게는 $3\frac{6}{7}$kg입니다. 상자에서 물체를 꺼내면 상자의 무게는 몇 kg입니까?

식 _____ 답 _____ kg

❹ $6\frac{2}{3}$m인 소나무가 있습니다. 소나무를 $1\frac{1}{3}$m만 남기고 베었다면 베어진 나무의 길이는 몇 m입니까?

식 _____ 답 _____ m

❶ 8조각인 피자 1판에서 3조각을 먹었습니다. 피자는 몇 판이 남았습니까?

식 _____   답 _____ 판

❷ 6kg짜리 설탕이 1봉지 있습니다. 사탕을 만들려고 $3\frac{1}{2}$kg을 덜어냈다면 남은 설탕은 몇 kg입니까?

식 _____   답 _____ kg

❸ 15m짜리 목재에서 $3\frac{9}{11}$m는 잘라서 책상을 만들고, $10\frac{3}{11}$m를 잘라서 의자를 만들었습니다. 남은 목재는 몇 m입니까?

식 _____   답 _____ m

❹ 떡 $4\frac{1}{6}$kg 중 오늘은 떡국을 끓이느라 $1\frac{5}{6}$kg을 사용했습니다. 내일 사용할 수 있는 떡은 몇 kg입니까?

식 _____   답 _____ kg

① 민형이는 산을 오르고 있습니다. $4\frac{4}{5}$km를 올라간 후 잠시 쉬었다가 $5\frac{1}{5}$km를 올랐습니다. 잠시 후 ☐km를 더 올라서 거리가 12km인 산의 정상에 올랐다면 ☐에 알맞은 값은 얼마입니까?

식 _____ 답 _____

② 오른쪽 삼각형의 둘레의 길이를 구하시오.

식 _____

답 _____ cm

$3\frac{2}{7}$cm
$4\frac{4}{7}$cm
5cm

③ 용준이는 사탕을 $11\frac{4}{5}$g 가지고 있었는데 어머니께서 $15\frac{1}{5}$g을 더 주셨습니다. 용준이가 동생에게 사탕을 $10\frac{3}{5}$g 주었다면 용준이가 가지고 있는 사탕은 몇 g입니까?

식 _____ 답 _____ g

④ 성아는 몸무게가 41kg이었지만 운동을 해서 첫 번째 달에 $2\frac{11}{15}$ kg 이 빠지고, 두 번째 달에 $1\frac{8}{15}$kg이 빠졌습니다. 성아가 이번 달에는 $2\frac{1}{15}$kg이 쪘다면 성아의 몸무게는 몇 kg입니까?

식 _____ 답 _____ kg

❶ 딸기는 1상자에 57개씩 들어 있습니다. 오늘 과일 가게에서 딸기를 36상자 팔았다면 팔린 딸기는 몇 개입니까?

식 _____ 답 _____ 개

❷ 72명의 학생들에게 끈을 똑같이 나누어 주려고 합니다. 끈을 1명에게 30cm씩 나누어 주려면 모두 몇 cm가 필요합니까?

식 _____ 답 _____ cm

❸ 우리 마을에는 336년 된 소나무가 있습니다. 이 소나무는 심은 지 며칠 되었습니까?(단, 1년은 365일입니다.)

식 _____ 답 _____ 일

❹ 850원짜리 노트를 200권 사서 선물하려고 합니다. 선물하는 데 모두 얼마가 들겠습니까?

식 _____ 답 _____ 원

❺ 영철이는 우리 나라 그림 엽서를 302장, 외국 그림 엽서를 82장 모 았습니다. 영철이가 가지고 있는 그림 엽서는 모두 몇 장입니까?

식 _____ 답 _____ 장

❻ 소망 초등 학교의 3학년은 42명씩 9반이었습니다. 올해 21명이 전 학 오고 7명이 전학 갔다면 지금의 3학년 학생은 모두 몇 명입니까?

식 _____ 답 _____ 명

❼ 솜사탕을 1개 만드는 데 설탕이 5g 필요합니다. 설탕 390g으로 솜 사탕을 몇 개 만들 수 있습니까?

식 _____ 답 _____ 개

❽ 둘레의 길이가 72540m인 연못에 30m 간격으로 전나무를 심으려 고 합니다. 전나무를 모두 몇 그루 심을 수 있습니까?

식 _____ 답 _____ 그루

9 연필 624자루가 있습니다. 모두 몇 다스입니까?

식 _____ 답 _____ 다스

10 어떤 수를 31로 나누면 몫이 6, 나머지가 15입니다. 어떤 수를 35 로 나눌 때 몫과 나머지를 구하시오.

식 _____ 답 _____ , _____

11 1부터 7까지의 수를 한 번씩만 이용하여 만든 가장 큰 두 자리 수를 가장 작은 두 자리 수로 나눈 몫과 나머지를 구하시오.

식 _____ 답 _____ , _____

12 오징어 72마리의 무게는 2232g입니다. 오징어 1마리의 무게는 몇 g입니까?

식 _____ 답 _____ g

⓭ 식빵을 1개 만드는 데 필요한 밀가루는 15g입니다. 밀가루 687g으로는 식빵을 몇 개 만들 수 있습니까? 또, 남은 밀가루는 몇 g입니까?

식 _____   답 ____ 개   ____ g

⓮ 포도 주스를 1L 만드는 데 포도 57알이 사용됩니다. 포도알 7011개로는 포도 주스를 몇 L 만들 수 있습니까?

식 _____   답 ____ L

⓯ 범퍼카는 1번 운행할 때 52명씩만 탈 수 있습니다. 오늘 범퍼카를 타러 온 사람이 625명이라면 모두가 범퍼카를 타기 위해 몇 명이 더 와야 합니까?(단, 이 범퍼카는 정원이 되지 않으면 운행을 하지 않습니다.)

식 _____   답 ____ 명

⓰ 다음 카드를 한 번씩만 사용하여 만들 수 있는 가장 큰 가분수를 대분수로 고치시오.(단, 가분수의 분모와 분자는 모두 한 자리 수입니다.)

| 3 | 7 | 5 | 2 |

                                                 답 ____

❿ $\dfrac{9}{24}$ 를 오른쪽 그림에 나타내시오.

⓲ 돼지 36마리에게 사료를 주고 있습니다. 사료 84g을 골고루 나누어 주었을 때, 돼지 1마리가 먹은 사료의 양을 기약분수로 나타내시오.

답 _____ g

⓳ 색칠된 부분을 분수로 표시하고 약분하 시오.

답 _____

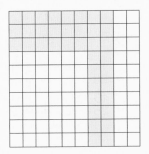

⓴ 도넛 64개와 막대 사탕 72개를 되도록 많은 학생에게 남김없이 똑같이 나누어 주려고 합니다. 몇 명에게 나누어 줄 수 있습니까? 또, 학생 1명은 도넛과 막대 사탕을 몇 개씩 받게 됩니까?

식 _____ 답 _____ 명, 도넛 _____ 개, 사탕 _____ 개

1

1. 답

2. 답

3. 답

4. 답

2

1. 답 $\frac{3}{8} = \frac{6}{16}$ 2. 답 $\frac{1}{4} = \frac{2}{8}$

3. 답 $\frac{1}{3} = \frac{4}{12}$ 4. 답 $\frac{3}{8} = \frac{9}{24}$

3

1. 답 $\frac{4}{20} = \frac{1}{5}$ 2. 답 $\frac{58}{14} = \frac{29}{7}(4\frac{1}{7})$

3. 답 $\frac{3}{3}, \frac{6}{3}, \frac{9}{3}$ 4. 답 $\frac{3}{2}, \frac{5}{2}, \frac{7}{2}$

4

1. 답 $\frac{14}{28}, \frac{24}{32}$ 2. 답 $\frac{14}{28}, \frac{7}{49}, \frac{28}{35}$

3. 답 $\frac{15}{25}, \frac{10}{30}$ 4. 답 $\frac{12}{24}, \frac{6}{36}$

5

1. 답 ㉮-㉢, ㉯-㉡, ㉰-㉠

2. 답 $\frac{1}{20}, \frac{3}{20}, \frac{7}{20}, \frac{9}{20}, \frac{11}{20}, \frac{13}{20},$ $\frac{17}{20}, \frac{19}{20}$

3. 답 3, 6, 9, 12, 15, 18, 21

4. 답 ㉮-㉠, ㉯-㉢, ㉰-㉡

6

1. 답 $\frac{12}{18} = \frac{2}{3}$ 2. 답 $\frac{81}{18} = \frac{9}{2}(4\frac{1}{2})$

3. 답 $\frac{30}{35} = \frac{6}{7}$ 4. 답 $\frac{32}{52} = \frac{8}{13}$

7

1. 풀이 16의 약수 : 1, 2, 4, 8, 16
   15의 약수 : 1, 3, 5, 15
   18의 약수 : 1, 2, 3, 6, 9, 18
   답 18

2. 식 (1+2+3+4+6+9+12+18+36)=91
   답 91

3. 답 16의 약수 : 1, 2, 4, 8, 16
   24의 약수 : 1, 2, 3, 4, 6, 8,
   　　　　　 12, 24
   공약수 : 1, 2, 4, 8

4. 답 48의 약수 : 1, 2, 3, 4, 6, 8,
   　　　　　 12, 16, 24, 48
   32의 약수 : 1, 2, 4, 8, 16, 32
   공약수 : 1, 2, 4, 8, 16

8

1. 답 14   2. 답 $\frac{7}{18}$ 3. 답 6   4. 답 $\frac{1}{3}$

9

1. 풀이 $\frac{2}{3}, \frac{1}{2}, \frac{4}{5}$ 　　　답 $\frac{48}{60}$

2. 풀이 $\frac{24}{38}$→2로 약분, $\frac{35}{45}$→5로 약분,

$\frac{14}{49}$→7로 약분, $\frac{16}{56}$→8로 약분   답 $\frac{16}{56}$

3. 답 6, 12   4. 답 $\frac{16}{21}, \frac{25}{56}$

10

1. 답

2. 답

3. 답 $\frac{18}{38} = \frac{9}{19}$ 4. 답 $\frac{99}{72} = \frac{11}{8}(1\frac{3}{8})$

11

1. 답 $\dfrac{36}{96}=\dfrac{3}{8}$

2. 풀이 $\dfrac{24}{86}$→2로 약분, $\dfrac{63}{54}$→9로 약분,

   $\dfrac{54}{28}$→2로 약분   답 $\dfrac{63}{54}$

3. 풀이 $\dfrac{32}{88}=\dfrac{4}{11}$ 답 $\dfrac{4}{11}$

4. 답 ㉮㉠, ㉯㉢, ㉰㉡

12

1. 식 6) 42 72   답 6
      7   12

2. 답 7, 12

3. 식 2) 86 72   답 2
      43 36

4. 식 8) 64 56   답 8
      8   7

13

1. 답 $\dfrac{10}{36}=\dfrac{5}{18}$ 2. 답 $\dfrac{36}{81}=\dfrac{4}{9}$

3. 풀이 $\dfrac{63}{28}=\dfrac{9}{4}$ 답 $\dfrac{9}{4}(2\dfrac{1}{4})$

4. 답 (수직선: $\dfrac{2}{7}$ 표시)

14

1. 식 9) 81 63   답 9
      9   7

2. 답 9, 7

3. 식 4) 28 64   답 4
      7   16

4. 답 7, 16

15

1. 답 $\dfrac{36}{76}=\dfrac{9}{19}$ 2. 답 $\dfrac{50}{600}=\dfrac{1}{12}$

3. 답 $\dfrac{56}{72}=\dfrac{7}{9}$ 4. 답 $\dfrac{7}{21}=\dfrac{1}{3}$

16

1. 답 $\dfrac{96}{60}=\dfrac{8}{5}(1\dfrac{3}{5})$ 2. 답 $\dfrac{56}{24}=\dfrac{7}{3}(2\dfrac{1}{3})$

3. 답

4. 답

17

1. 식 8) 56 72   답 8
      7   9

2. 식 6) 48 42   답 6
      8   7

3. 풀이 $\dfrac{14}{21}=\dfrac{2}{3}$ 답 $\dfrac{2}{3}$

4. 식 6) 60 42   답 6
      10 7

18

1. 답 ①⋯12→11

2. 풀이 9) 54 90
      2) 6 10
          3   5   답 18

3. 답 3, 5

4. 답 $\dfrac{40}{110}=\dfrac{4}{11}$

19

1. 식 $\dfrac{9}{5}+\dfrac{11}{5}=\dfrac{20}{5}=4$ 답 4

2. 답 $\dfrac{4}{3}(1\dfrac{1}{3})$

3. 답 $\dfrac{3}{2}(1\dfrac{1}{2})$

4. 답 $\dfrac{3}{2}(1\dfrac{1}{2})$

20

1. 식 $\frac{4}{9}+\frac{7}{9}=\frac{11}{9}=1\frac{2}{9}$　　답 $1\frac{2}{9}$

2. 식 $\frac{1}{5}+\frac{2}{5}+\frac{4}{5}=\frac{7}{5}=1\frac{2}{5}$　　답 $1\frac{2}{5}$

3. 식 $\frac{8}{3}+\frac{11}{3}+\frac{7}{3}=\frac{26}{3}=8\frac{2}{3}$　답 $8\frac{2}{3}$

4. 식 $3\frac{1}{2}+4\frac{1}{2}=8$　　답 8

21

1. 식 $1\frac{1}{7}+1\frac{3}{7}=2\frac{4}{7}$　　답 $2\frac{4}{7}$

2. 식 $\frac{4}{7}+\frac{5}{7}+3=4\frac{2}{7}$　　답 $4\frac{2}{7}$

3. 식 $3\frac{1}{5}+4\frac{3}{5}+81=88\frac{4}{5}$　답 $88\frac{4}{5}$

4. 식 $\frac{4}{15}+\frac{6}{15}+1\frac{1}{15}+2+\frac{5}{15}=4\frac{1}{15}$

　답 $4\frac{1}{15}$

22

1. 식 $\frac{3}{4}-\frac{1}{4}=\frac{2}{4}=\frac{1}{2}$　　답 $\frac{1}{2}$

2. 식 $1\frac{6}{7}-\frac{4}{7}=\frac{9}{7}=1\frac{2}{7}$　　답 $1\frac{2}{7}$

3. 식 $3\frac{6}{7}-1\frac{1}{7}=2\frac{5}{7}$　　답 $2\frac{5}{7}$

4. $6\frac{2}{3}-1\frac{1}{3}=5\frac{1}{3}$　　답 $5\frac{1}{3}$

23

1. 식 $1-\frac{3}{8}=\frac{5}{8}$　　답 $\frac{5}{8}$

2. 식 $6-3\frac{1}{2}=2\frac{1}{2}$　　답 $2\frac{1}{2}$

3. 식 $15-3\frac{9}{11}-10\frac{3}{11}=\frac{10}{11}$답 $\frac{10}{11}$

4. 식 $4\frac{1}{6}-1\frac{5}{6}=\frac{14}{6}=2\frac{1}{3}$　　답 $2\frac{1}{3}$

24

1. 식 $12-4\frac{4}{5}-5\frac{1}{5}=2$　　답 2

2. 식 $3\frac{2}{7}+4\frac{4}{7}+5=\frac{90}{7}=12\frac{6}{7}$ 답 $12\frac{6}{7}$

3. 식 $11\frac{4}{5}+15\frac{1}{5}-10\frac{3}{5}=16\frac{2}{5}$답 $16\frac{2}{5}$

4. 식 $41-2\frac{11}{15}-1\frac{8}{15}+2\frac{1}{15}=38\frac{4}{5}$

　답 $38\frac{4}{5}$

종료 테스트 해답

1. 식 $57\times36=2052$　　답 2052

2. 식 $72\times30=2160$　　답 2160

3. 식 $336\times365=122640$
　답 122640

4. 식 $850\times200=170000$
　답 170000

5. 식 $302+82=384$　　답 384

6. 식 $(42\times9)+21-7=392$ 답 392

7. 식 $390\div5=78$　　답 78

8. 식 $72540\div30=2418$ 답 2418

9. 식 $624\div12=52$　　답 52

10. 식 $31\times6+15=201$
　　　$201\div35=5\cdots26$　답 5, 26

11. 식 $76\div12=6\cdots4$　　답 6, 4

12. 식 $2232\div72=31$　　답 31

13. 식 $687\div15=45\cdots12$　답 45, 12

14. 식 $7011\div57=123$　　답 123

15. 식 $625\div52=12\cdots1$, $52-1=51$
　답 51

16. 풀이 $\frac{7}{2}=3\frac{1}{2}$　　답 $3\frac{1}{2}$

17.

18. 풀이 $\frac{84}{36}=\frac{7}{3}=2\frac{1}{3}$　답 $\frac{7}{3}(2\frac{1}{3})$

19. 풀이 $\frac{38}{100}=\frac{19}{50}$　　답 $\frac{19}{50}$

20. 식 $8)\overline{64}$　$\overline{72}$　　답 8, 8, 9
　　　　8　　9

4분 문장제 학습

학부모님께서 꼭 먼저 읽어 보세요

● 4분 문장제 학습은 수학의 기본적인 지식과 기능을 습득하게 하는 연산력을 바탕으로 주변에서 일어나는 여러 상황을 수학적으로 해석하고 조작하게 하는 활동입니다. 이를 통해 수학의 필요성과 실용성 등을 인식할 수 있어 수학에 대한 자신감과 긍정적인 태도를 가질 수 있을 것입니다.

● 철저한 복습과 반복 학습. 기초를 탄탄하게 하고 성적을 올리는 데 이보다 좋은 방법은 없습니다. 자녀들이 매일 일정한 시간에 일정한 양의 문제를 풀 수 있게 해 주세요.

● 기탄수학 본문을 매일 3장(6쪽)씩 학습한 다음, 바로 **연산 학습을 적용한** 4분 문장제 학습을 1쪽(4문제)씩 풀게 하세요.

● 문제 풀이에 걸리는 시간은 한 쪽에 4분, 한 문제 당 1분이 넘지 않도록 지도해 주세요.

● 연산력 위주의 〈기탄수학〉과 사고력 · 창의력 위주의 〈기탄사고력 수학〉을 병행 학습하면, 훨씬 높은 학습 효과를 거둘 수 있습니다.

● 각 집 4분 문장제 학습을 마친 후에는 성취도 테스트를, 각 단계를 마친 다음에는 종료 테스트를 실시하여 자녀들의 학습 능력을 평가해 주세요.

● 자녀가 문제를 다 풀면, 반드시 해답지를 참조하여 꼼꼼하게 채점해 주세요. 오답은 철저히 체크하여 다음에는 같은 실수를 되풀이하지 않게 해 주세요.

◼ 성취도 및 종료 테스트 학습 능력 평가표

정답 수	평 가	대 책
20~18문항	A등급 (아주 잘함)	다음 집 또는 다음 단계로 나아가기에 충분함
17~15문항	B등급 (잘 함)	실수를 줄이는 데 주력
14~12문항	C등급 (보 통)	오답을 철저히 체크, 보충
11문항 이하	D등급 (부 족 함)	기탄수학 학습 방법 준수 여부 철저 체크